# 海德格尔
# 与犹太世界阴谋的神话

〔德〕彼得·特拉夫尼 著
靳希平 译
谷 裕 校

商务印书馆
创于1897 The Commercial Press
2019年·北京

Peter Trawny

Heidegger und der Mythos der jüdischen Weltverschwörung



本书于 2014 年出版第三版，2015 年重新增订。

本书根据美因河畔法兰克福维多里奥·克劳斯特曼出版社第三版增订版译出。

**作者简介**

彼得·特拉夫尼（Peter Trawny），德国伍珀塔尔大学哲学教授，国际著名海德格尔专家，德国海德格尔档案馆主任，《海德格尔全集》编委会成员。长期从事海德格尔研究，并于维也纳大学、索德脱恩大学、同济大学等多所高校担任客座教授。《海德格尔全集》第35、69、86、90、94、95、96卷主编。主要著作有《海德格尔的世界现象学》《三位一体的时代》《海德格尔导论》等。

**译者简介**

靳希平，北京大学哲学系教授、博士生导师、中国现象学学会主席。主要研究古希腊哲学、德国古典哲学和现象学。主要著作有《海德格尔早期思想研究》《亚里士多德传》《洛克》《十九世纪德国非主流哲学——现象学史前史札记》等，主要译作有《海德格尔传》《现象学入门：反思性分析》《海德格尔与其思想的开端》《时间现象学的基本概念》《另类胡塞尔》等。

**校者简介**

谷裕，北京大学外国语学院教授。主要研究从中世纪到19世纪末的德语国家文学史、现当代德语文学、德语文学与基督教文化、歌德《浮士德》。主要著作有《君特·库纳特作品的艺术结构和思想体系》《现代市民史诗：十九世纪德语小说研究》《隐匿的神学：启蒙前后的德语文学》《德语修养小说研究》等。

# 译者引言

2013 年夏天，译者到德国为胡塞尔研究找材料，顺便访问了老朋友、资深现象学家克劳斯·黑尔德（Klaus Held）先生。从黑尔德那里得知，德国伍珀塔尔大学之所以成立海德格尔研究所，主要是为了方便编辑、出版海德格尔的《黑皮本》(*Schwarze Hefte*）系列，有人将之译为《黑色笔记本》①，里面是海德格尔的思想札记。他还告诉我，此事引起了不少海德格尔的亲朋好友、学生及追随者的担心：札记中有海德格尔明确的反犹言论。

2014 年 2 月初，当代知名现象学家、德国伍珀塔尔大学哲学系主任拉斯洛·滕格利教授（Prof. Dr. László Tengelyi）访问北大期间，也谈到海德格尔思想札记的出版所引起的争论，并且极力建议译者将《黑皮本》移译为中文。与此同时，北京大学刘哲教授得到了德、法新闻媒体对此事的反映与报道，并将其转发给了相关同仁，在同仁之间引起了讨论。

彼得·特拉夫尼的《海德格尔与犹太世界阴谋的神话》这本小册子结合海德格尔的整个思想的发展，专门介绍分析《海德格尔全

① 如发表于《中国高校社会科学》2014 年第 4 期的译文：《国家社会主义、世界犹太集团与存在的历史——关于海德格尔的黑色笔记本》。

集》第 94 卷至 96 卷的内容，特别是其中的反犹太主义问题，指出该问题对理解《黑皮本》乃至海德格尔整个哲学都很重要。该书于 2014 年初出版，英译本已于 2015 年问世。[①] 年轻德国学者的哲学著作如此快地出版英译本，实属罕见，可见国际学界对此小册子的重视。现将此小册子译成中文献给读者，供学界同仁参考。至于海德格尔的哲学思想是否真的与反犹太主义有关，还希望读者仔细辨析，做出独立的判断。

① Peter Trawny: *Heidegger and the Myth of a Jewish World Conspiracy*. trans. by Andrew J. Mitchell. 3rd and revised extended edition 2014. University of Chicago Press 2015.

作为德国人，就意味着：把西方历史的最内在的重担，掷于自己面前，并扛到肩上。

马丁·海德格尔，《思索（七）》

妈妈，你是否还和从前在家时一样，
能忍受这轻柔的、德语的、痛苦的诗韵？

保罗·策兰，《墓畔》[①]

① 中译文引自保罗·策兰：《策兰诗选》，孟明译，倾向出版社，2009年，第59页。——译校者注

# 目　录

译者引言　1

导论：一个需要修正的论题　1

一幅存在史方面的图景　10

存在史上的反犹太主义的样式　24

引文一　24

引文二　25

引文三　26

对引文一的说明　26

对引文二的说明　32

对引文三的说明　38

存在史上的“种族”概念　51

陌生与陌生　61

海德格尔与胡塞尔　70

著作与生活　81

灭绝与自我灭绝　87

犹太人大屠杀之后　100

**回答的尝试　116**

第二版后记　123

第三版后记　129

人名索引　131

# 导论：一个需要修正的论题



列奥·施特劳斯（Leo Strass）、汉娜·阿伦特（Hannah Arendt）、卡尔·洛维特（Karl Löwith）、汉斯·约纳斯（Hans Jonas）、伊曼纽尔·列维纳斯（Emmanuel Levinas）、维尔纳·布洛克（Werner Brock）、伊丽莎白·布洛赫曼（Elisabeth Blochmann）、魏尔海姆·斯基拉斯（Wilhelm Szilasi）、玛莎·卡莱科（Mascha Kaléko）、保罗·策兰（Paul Celan），这些犹太人，都以不同的方式与海德格尔有过交往。对他们来说，海德格尔或者是老师，或者是崇拜者，或者是情人，或者是受崇拜的思想家，或者是他们的支持者。在 20 世纪 20 年代，作为哲学家、大学教师的海德格尔，吸引了一批“犹太青年”（汉斯·约纳斯）①，也就是说，在海德格尔的思想和犹太文化之间存在着一种亲和力。② 这经常被视为不争的事实。就像海德格尔与策兰的交往一样，1945 年之后，他的犹太学生与他

① Hans Jonas: *Erinnerungen. Nach Gesprächen mit Rachel Salamander.* Insel Verlag: Frankfurt am Main 2003, 108f. “很多年轻的海德格尔的崇拜者——他们来自很远的地方，包括柯尼斯堡（Königsberg）——是犹太青年。这种亲和性（Affinität）可能是单方面的。这么多的犹太青年单单涌向他，我不知道，海德格尔是否感觉很舒服，但是他本人实际上根本不关心政治。”最后关于海德格尔不关心政治的断定，显然是错误的。在“第三帝国”时期，和大多数的教授相比，海德格尔对政治的关切要强烈得多。

② Marlène Zarader: *La dette impensée: Heidegger et l'héritage hébraïque.* Seuil: Paris 1990.

的交往是痛苦的：又钦佩又反感，进退维谷。[①] 毫无疑问，后来他们
10 之间的关系有了改善的迹象：20 世纪 50 年代初阿伦特重回德国，也
是重新回归海德格尔。

当然也存在着愤怒。同样有着犹太血统的雅克·德里达（Jacques Derrida），在他的《海德格尔的沉默》（"Heideggers Schweigen"）这篇短文中直接说，海德格尔对"战后对奥斯维辛集中营的沉默"，是对"思想的伤害"。[②] 海德格尔没有在公众面前对纳粹焚烧犹太人的暴行有过任何表态。因为，对于海德格尔而言，公众并不是道德审判机关，而是相反。他经常谈论"公众专制"[③]。缄默（Schweigen）、守口如瓶（Verschweigen）对他而言是一种哲学的姿态。也许他曾经私下对最私密的朋友就奥斯维辛集中营讲过些什么吧？但是，我们没有任何涉及相关内容的文本证据。虽然，至少在一首海德格尔为阿伦特写的诗中，我们看到海德格尔谈到了"负担"，但是，这首诗到底能有多大的分量呢？

但是，愤怒并不能用作指控海德格尔是反犹太主义者的证据。萨弗兰斯基（Rüdiger Safranski）在他的颇具影响的海德格尔传记中明确地断言，海德格尔不是反犹太主义者。[④] 这是迄今为止占

---

① Gerhart Baumann: *Erinnerungen an Paul Celan.* Suhrkamp Verlag: Frankfurt am Main 1986.

② Jacques Derrida: "Heideggers Schweigen." In: *Antwort, Martin Heidegger im Gespräch.* Hrsg. von Günther Neske und Emil Kettering. Neske Verlag: Pfullingen 1988, 159. "'对思想的伤害'是什么意思？什么或者谁造成了谁的伤残？在海德格尔的思想中，这种'伤害'发生了吗？这对他带来了什么影响？还是说，海德格尔的思想根本就是对思想的伤害？我们的思想受伤了吗？从根本上看，反犹太主义是对思想的伤害吗？"

③ 比如，Martin Heidegger: "Brief über den 'Humanismus'." In: Ders.: *Wegmarken.* Hrsg. von Friedrich-Wilhelm von Herrmann. Frankfurt am Main 2/1996, 317。

④ Rüdiger Safranski: *Ein Meister aus Deutschland. Heidegger und seine Zeit.* Hanser Verlag: München u. Wien 1994, 297. "海德格尔——一个反犹主义者？他不是国家社会主义的疯狂的意识形态体系意义上的反犹太主义者。但是令人瞩目的是，不管是在课堂讲演和哲学著作中，还是在政治谈话和小册子中，我们找不到任何种族主义的言论。"此外，参见 Philippe

（转下页）

主流的看法。为海德格尔辩护的一个重要的论题是：尽管海德格 11
尔——有人认为，在一个很短时间内，也有人认为，在很长一段时间内——参与了纳粹活动，但是反犹嘛，他从来没有过。他的生平就是很好的证据：一个与一群犹太人如此自然地一起生活，甚至至少有一个“犹太情人”的人，怎么可能是反犹太主义者呢？

不管过去，还是现在，无论是在偏见中，还是在流言蜚语中，无论是在伪科学的（种族理论或者种族主义）文献中，还是在行政上或者情感上，涉及“反犹”，无非有如下几种意思：（1）对犹太人的诋毁污蔑；（2）把犹太人视为一般的敌人形象；（3）对犹太人进行孤立化，包括职业禁忌，设立犹太居住区、集中营等；（4）驱逐——强迫移民；（5）最终导致肉体消灭——集团式的迫害、大屠杀、大规模的毒气室杀戮等。**今天**，还可以加上，把犹太人作为“犹太人”进行特征刻画，也是反犹的。一方面，事实上，反犹的这些不同的形态和等级，很难区分得一清二楚，但另一方面，我认为，语词上对犹太人的贬低，就意味着一定支持对犹太人的大屠杀，这种看法是成问题的。①

人们观察海德格尔的视野最近获得了新的、迄今不为人知的一个侧面：在其思想之路的某一阶段，这位哲学家向反犹太主义打开了他的思想之门，准确一点儿说，向可被称之为“**存在史上的反犹**

（接上页）

Lacoue-Labarthe: *Die Fiktion des Politischen. Heidegger, der Kunst und die Politik*, Editon Patricia Schwarz: Stuttgart 1990, 42f.。“海德格尔对纳粹有过高评价，可能错看了它 1933 年之前宣布的利弊得失，后来有证据证明他又对其加以对抗：反对它的反犹主义、它的意识形态（‘政治科学’）、它的暴力行为。”的确，海德格尔的思想活动不是“意识形态”（他严厉拒斥意识形态），尽管其思想有时被意识形态化了。

① 关于沃尔夫冈·本茨（Wolfgang Benzl）的问题，参见其著作 *Was ist Anti-semitismus?* C. H. Beck: München 2004, 9ff.。

太主义”（seinsgeschichtlicher Antisemitismus）打开了思想之门。就像我们将要看到的那样，这点显然是不容置疑的。当然，一切取决于如何界定在“存在史上的反犹太主义”这个概念下我们所理解的内容。树立对这个概念的敏感性，是我们下面的思考要做的第一步工作。

12 引入“存在史上的反犹太主义”这个概念必须审慎，因为很显然，它能带来毁灭性的后果：无论是谁，只要是反犹太主义者，无论在道德上，还是在政治上，就会彻底完蛋——特别是在犹太人大屠杀之后。倘若沾上反犹的嫌疑，海德格尔哲学无疑将遭受巨大打击。20 世纪最伟大的哲学家之一，不只同情支持纳粹运动，而且还曾经赞同反犹太主义，这怎么可能呢？要回答这个问题，绝不是一件容易的事情。这个问题在海德格尔的思想上打上了烙印，也给我们出了个难解之谜。

这个难解之谜迫使我们进一步地去提问：海德格尔的整个哲学，是否与反犹太主义错合在一起了？在何种程度上错合在一起？是不是有某种反犹意识形态占据了海德格尔的思想，以至于我们必须把海德格尔哲学称为“反犹哲学”？并且，以至于我们以后必须与这种哲学保持距离，因为根本没有——也不可能有——一个“反犹哲学”？并且，以至于我们在几十年后不得不判定：海德格尔的思想确实不能算作“哲学”，亦非“思想”，它只不过是某种可怕的迷途？我们认为，这些问题必须遭到否定，然而获得这一答案的道路却并不平坦。

“错合”（Kontamination）这个概念，对于下文具有一种独特的形式上的重要性。《黑皮本》是在一个特定阶段写下的文字，受到了反犹太主义的污染（Kon-taminiert），也就是说，错合在《黑皮本》中的某些段落的反犹太主义，也触及并损害到了其他内容。结果是，迄今为止一直被理解为理论上中立的那些思想，现在却在另外一种光线的照耀下变了样子。之所以会发生这种情况，就是因为错合侵蚀了思想的边缘，将其溶解，使其模糊。这样就使得关于海德格尔思想的形态测绘学（Topographie，地形测绘学）发生了动摇。我们对海德格尔思想的解读必须面对这个危机。一切都取决于对下述问题的回答：海德格尔的思想在多大程度上受到错合，如何界定这种错合？

“反犹”这个标签特别危险，因为这个词经常如此使用，以至于它与“屠犹”有某种意识形态上的同谋味道。难道所有的反犹太主 13
义都必然导向奥斯维辛的大屠杀吗？不是的。关于种族灭绝的“病源学”理论一直是成问题的，因为它的含义有歧义性。海德格尔关于犹太人的言论，不可以简单地同奥斯维辛大屠杀联系在一起。当然，尽管没有证据证明，海德格尔支持对犹太人的“由官方组织的大规模屠杀”（阿伦特），也没有任何迹象表明，海德格尔知道在纳粹灭绝营中发生了什么，仍然没有人可以完全排除下述可能：海德格尔曾认为，对犹太人实施暴力是必须的。一种处于善与恶的彼岸的思想，有它自己的思维逻辑的必然性。这种可能性的残留是毒液，直接影响着对海德格尔的某些言论的评估。

迄今为止，海德格尔的一直不为人知的反犹言论，就见于《黑皮本》中。《黑皮本》是海德格尔自己发明、使用的名称，用来指称 34 册以黑色防水布为皮的本子①，在这些本子中，海德格尔以一种特殊的方式，表达了他从 20 世纪 30 年代到 70 年代之间的思想。其中大部分文字的题目都十分简单，比如“思索”（Überlegungen）、

① 具体数量如下：《思索》14 册，《笺注》9 册，《四册本》2 册，《警醒》2 册，《小夜曲》2 册，《提示》2 册，《先期准备》4 册。

“笺注”（Anmerkungen）、“四册本”（Vier Hefte）、“提示”（Winke）、“先期准备”（Vorläufiges）。还有两个题目，“警醒”（Vigiliae）①和“小夜曲”（Notturno），较为怪异。它们不仅在《黑皮本》中显得怪异，就是在海德格尔的全部著作中也是很怪异的。所有的本子都有罗马数字编号。这些本子未能全部保留下来，包含《思索（一）》的整个第一册本子很可能遗失了，遗失的那些文字的命运如何，我们不得而知。

《黑皮本》中罗马数字的标序，同文字写成的时间顺序并不一致。有的时候，海德格尔同时在几个本子上写作，有少数的地方还有删改。这些文字并不总是以格言体书写的。我们不能设想，海德
14 格尔的这些文字是直接写入本子里的。之前肯定另有草稿，只不过没有留下来而已。因此，这里涉及的文本，并不是单纯的私人文字或者笔记，而是经过认真加工的哲学文本。

根据赫尔曼·海德格尔（Hermann Heidegger）提供的信息，《黑皮本》作为《海德格尔全集》的结束部分应最后发表。这是他父亲海德格尔自己的决定。但是基于很充分的理由，赫尔曼改变了父亲的这个决定：这些手稿实在是太重要了，不应该由于其他文本的编辑进程缓慢而拖累这个文本的面世。海德格尔在其他著作中对这些文本的提示，证明了这部分手稿的重要性。《黑皮本》难道是他的哲学遗嘱吗？

这些独一无二的手稿的地位，以及它们同作者生前出版的著作（如《存在与时间》）、生前未出版的著作（如《哲学论稿》[*Beifrägen zur Philosophie*]）、讲课稿、文章和讲演稿之间的关系如

① 这个词似乎与修士祈祷有关，比如修院第一次祈祷是在凌晨三点，叫 Vigil，拉丁语为 *Vigilia*。——译校者注

何，完全取决于对上面这个问题的回答。如果《黑皮本》是他的哲学遗嘱，那么，在海德格尔的所有其他文字的语境下，这些手稿就应该作为从中提取出来的精华，或者作为基础文本，或者既作为精华又作为基础文本来研读。海德格尔在其生前未发表的著作中，不断地提示读者去参照《黑皮本》，这一点恰恰为上述评估提供了支持。但是《黑皮本》中很少见到如《哲学论稿》那里透出的那种哲学强度，这一点又为反对上述评估提供了依据。

《黑皮本》的特色之一就是它独一无二的写作风格。如果人们假定，海德格尔生前未发表的文字为秘传的文本的话，那么，这些笔记本中的海德格尔思想就更加具有私密性。在一般的著作中，作者习惯于隐而不显，而在这些笔记本中，作者以个人的身份登场。但是，这些手稿不是日记或者思想日记，它们无处不是最真实的思想的直接展示。那么，这些文本怎么可能个人化呢？难道《黑皮本》中的个人形象，不仅仅是哲学家隐藏在后面躲避公众的一个面具 15
吗？他在20世纪30年代出现的那令人难堪的口号中，难道不是也在躲避着他自己吗？

海德格尔的哲学或许远离公众，完成于沉默和寂静的边缘？我们在他战后写下的一段文字中看到这样的话：一种特定的"笺注，依据其本质，不再是为公众中的读者而讲的"，而是"属于佇在（Seyn）[①] 本身的天赐之命及其寂静"。[②] 一种处于读者的彼岸、为"佇

① 德文 Seyn（是动词的不定式）的一个较古老的异体写法，一般同 Sein 没有区别。但是海德格尔时而用 Sein，时而用 Seyn，两者之间有什么区别，译者尚未弄清楚。但是为稳妥起见，译者找了"存在"的异体写法"佇在"来翻译"Seyn"，以示区别。——译校者注

② Martin Heidegger: *Anmerkungen II*, 77. In: Ders.: *Anmerkungen III–V*. GA 97. Hrsg. von Peter Trawny. Frankfurt am Main 2015. 本文凡引用《黑皮本》给出的页码，都是《黑皮本》各册原来的编码。

在本身的天赐之命”而写的作品？后面我们会看到，海德格尔的这种极端风格最终与自己发生了矛盾。

这一点给我们后面必须考察的那部分《黑皮本》的内容投下了一缕光明。这里我们要说的是其写作时间延续到1948年的那部分手稿。在这些手稿中，主要是1938年至1941年的那部分，或多或少地直接谈到了“犹太人”问题。犹太人被安置于一种“存在史上的形态测绘学”或者“自身形态测绘学”(Autotopographie)(因为每一个位置都相应于一种特殊的同自身的关系)之中，并在这种形态测绘学中赋予了犹太人一种特殊的、专门的意义。恰恰是这种意义具有一种反犹太主义的性质。

海德格尔的反犹言论——被记入哲学语境中的反犹言论——只见于哲学家的这些尽量不向一般公众开放的手稿中。他的反犹言论
16 也向国家社会主义者保密。① 为什么？因为他认为，他的反犹太主义与国家社会主义的反犹太主义截然不同。这一点在一定条件下是正确的。尽管如此——在这里，必要的审慎是必不可少的。海德格尔对公众不仅隐匿了他的反犹太主义，而且隐匿了他的整个思想。早在1935年他就说：“在另一次开端中的思想，不是为公众的。”② 把反犹太主义隐匿起来，符合这样一种思想，即在公众那里只能看到对哲学的完美犯罪。

① 参见 Holger Zaborowski: *“Eine Frage von Irre und Schuld?” Martin Heidegger und der Nationalsozialismus*. Fischer Verlag: Frankfurt am Main 2010, 637。“假如海德格尔事实上真是内在的、深信不疑的、德国纳粹代表的种族主义的反犹太主义意义上的反犹太主义者的话，那么在1933年到1945年期间，特别是在任大学校长期间，他有大量的机会来向公众表达这一思想，以便阻挡当时新的当权者。”这是反对说海德格尔是“内在的、深信不疑的反犹太主义的”的根据。然而我们知道，海德格尔一直倾向于让自己的思想躲开任何形式的公众舆论。在他看来，哲学与公众是相互排斥的。所以，他把自己的反犹思想隐匿起来，从这个意义上就不难理解了。

② Martin Heidegger: *Überlegungen VI*, 14. In: Ders.: *Überlegungen II–IV.* GA 94. Hrsg. von Peter Trawny. Frankfurt am Main 2014.

下面的思考所遵循的解释路线，完全与辩护无关，尽管海德格尔的著作的确需要辩护。以下的解读遵循着已经提到的错合的过程，因此，其中所表达的一些判断可能会显得片面，也可能是完全错误的。以后的讨论可能会驳倒或者纠正我的解读。如果这种情况发生，最高兴的首先是我本人。

17

# 一幅存在史方面的图景

《存在与时间》出版之后的几年里，在哲学上海德格尔一度陷入危机。它表现在好几个方面。不仅《存在与时间》第 8 节中所宣布的该书第二部分未能按计划出版，就是第一部分的第三篇，也只加工到 1927 年夏季课堂讲稿的形式。在其后的课堂讲稿中展示的，都只是一些探索性的尝试。建立“关于存在的严格科学”① 的规划没能完成，而关于“后存在论”（Metontologie，超存在论）② 的工作，也只达到为开始阶段准备材料的水平。与此相关的关于自由的形而上学 ③ 的研究工作，则停留在一些残缺不全的片段研究的阶段。

18 这时，哲学家与叙事（Narrativ）④ 相遇了：叙事逐渐使他的思

① Martin Heidegger: *Grundprobleme der Phänomenologie.* GA 24. Hrsg. von Friedrich-Wilhelm von Herrmann. Frankfurt am Main 1975, 15.

② Martin Heidegger: *Metaphysische Anfangsgründe der Logik im Ausgang von Leibniz*. GA 26. Hrsg. von Klaus Held, Frankfurt am Main 2/1990, 199.

③ Martin Heidegger: *Vom Wesen der menschlichen Freiheit.* GA 31. *Einleitung in die Philosophie.* Hrsg. von Hartmut Tietjen. Frankfurt am Main 1982.

④ 我倾向于用“叙事”这个概念。我认为，“再神话化”（Remythisierung）不是一个合适的概念。海德格尔对建立“新神话”并不感兴趣，尽管他在后期的手稿中显得好像要恢复“据有之事的神-话”（Mytho-logie des Ereignis）（Martin Hedeigger: *Zum Ereignis-Denken.* GA 73. 2. Hrsg. von Peter Trawny. Frankfurt am Main 2013, 1277）。在《思索（二）与笺注》（*Überlegungen [II] und Anweisungen*）中海德格尔说：“更不是，像长时间以来通过指向任何更高的和最高的现实性——基督教——；任何形式的神话——；……”（Martin Hedeigger: *Winke x Überlegungen [II] und Anweisungen*, 84. In: Ders.: *Überlegungen II–VI*. GA 94. A.a.O.）上面提到的“据有之事的神-话”一定是在讨论的开始处使用的，它是要追踪探究存在史的叙事特征。

想发生了革命性的改变。哲学似乎已经凝聚在无生气的立场之中。尽管《存在与时间》在学界获得了巨大成功，但是这并不意味着，整个哲学的学术界都被动摇了。学术研究持续不断地不干正事，对此海德格尔觉得越来越不可容忍。时代本身也陷入了经济危机。如此下去，显然不行。政治上的变化开始时还显得不明朗，后来就直接诉诸暴力。

在《存在与时间》中，哲学家就已经说明了，什么是他所理解的“天赐之命”（Geschick）①：“天赐之命”就是“民族共同体事件的发生”。个人的生活之路“预先已经被导向”“在同一个世界中的相互共在中，和对特定的可能性而做的决断中”。“在告知（Mitteilung）与战斗中”，“天赐之命的力量才真正得到解放”。这是“自由的生存所能具有的唯一的权威”②。对海德格尔来说，那“真正的達在”（Dasein，此在）③总是已经被放逐到这种“天赐之命”中。在海德格尔看来，外在于“天赐之命”，就是“達在”的堕落形式。后来，1945年之后，他在“虚无主义”中发觉的“非历史性”恰恰是“美国主义”④——它意味着对上述“天赐之命”的摧毁。

正当一切奔向终结之时，海德格尔开始去发现新的“开端”（Anfang）。早在1931年至1932年的冬天，他就在公开大课上讨论

① Martin Heidegger: *Sein und Zeit.* GA 2. Hrsg. von Friedrich-Wilhelm von Herrmann. Frankfurt am Main 1977, 508.

② Ibid., 516.

③ 译者总觉得Dasein译为“此在”有问题，译为“彼在”或者“人生在彼”才符合海德格尔要表达的意思。或者直接音译为“達在”，或许更好。本文中采取音译兼意译的“達在”。——译校者注

④ Martin Heidegger: *Hölderlins Hymne “Der Ister”*. GA 53. Hrsg. von Walter Biemel. Frankfurt am Main 1984, 179.

19 到“西方哲学的开端”，以及与此密切相关的同“真理”的关系。[1] 在这个大课的前一半，他第一次解读柏拉图的“洞穴比喻”。在解读的过程中，海德格尔强调指出，“今天，尽管赐死的毒药和武器都已经齐备”（海德格尔这里讲的是苏格拉底被人用毒药毒死的事情），然而却缺了个“哲学家”。“在今天”，人们还能看到的，只是“优秀程度不同的智者”，“他们是为人们所期待的哲学家的到来开辟道路的”。[2] 终结与开端，被哲学家的到来联系在一起，一种哲学，处于智者们坐而论道的日常学术活动的彼岸。

不过，关于开端的真正的大课讲演始于 1932 年夏季。后来海德格尔指出，“从 1932 年春季以来”，他一直坚持着“该计划的基本框架”，没有改变。这个计划“在《哲学论稿》手稿中才获得了它的第一个形态”[3]。值得人们关注的是，这个大课讲演是对阿那克西曼德和巴门尼德的阐释。该大课以对叙事的召唤（Beschwörung）[4] 为开场：“我们的任务：哲学思维的中断？也就是说，从对倖在的‘意义’（真理）之原初地追问而来的**那种形而上学的终结**。我们想要去寻觅西方哲学的**开端**……”[5] 海德格尔找到的是关于终结与开端的叙事：至少在 15 年中，他把这种叙事作为“存在的历史”反复不断地加以思考。

此时推动他的哲学前进的开启工作，不再是关于历史上经典

---

[1] Martin Heidegger: *Vom Wesen der Wahrheit. Zu Platons Höhlengleichnis und Theätet.* GA 34. Hrsg. von Hermann Mörchen. Frankfurt am Main 1988, 10.

[2] Ibid., 85.

[3] Martin Heidegger: *Besinnung.* GA 66. Hrsg. von Friedrich-Wilhelm von Herrmann. Frankfurt am Main 1997, 424.

[4] Beschwörung 是招魂，驱魔的咒语之意。——译校者注

[5] Martin Heidegger: *Der Anfang der abendländischen Philosophie. Auslegung des Anaximander und Parmenides.* GA 35. Hrsg. von Peter Trawny. Frankfurt am Main 2012, 1.

化了的文本之解释学，或者关于历史上经典化了的世界之解释学的追求，而是将对其思想具有决定性的《存在与时间》包括在内，将其思想同实质上极具革命性的欧洲历史的整个进程紧密联系在一起。海德格尔在苏格拉底之前的哲学家阿那克西曼德、赫拉克利特和巴门尼德的思想那里发现的开端，现在已经走到尽头。“智者们”相互间竭尽全力去说服对方，接受自己的已经历史地僵死了的立场。他自己也一度是他们中的一员。而此时的政治局势已经到了爆炸性的阶段。一切都给人以急迫的印象：开端必须重演。海德格尔通过哲学语言所表达的内容，已经不再局限于他自己的思想，而是突然占据了整个的世界历史（ereignete sich plötzlich weltgeschichtlich），海德格尔这一思想的变化，绝非偶然。 20

在上面引述的1932年夏季讲课的那段文字中，有指向《思索（二）》——也就是现在保存下来的《黑皮本》的第一册——的提示。在那里，关于“哲学中断”的思考贯穿始终：“今天我们最终还是要**中断哲学思维**，因为民族和种族成长到不再能承受哲学思维的程度，哲学思维只会使其民族和种族的强力更加破碎，跌落为非强力（Unkraft）。或者这个中断毫无必要，因为很长时间以来都没有发生过什么大事了。”[①] 可供选择的可能性如下：或者彻底与哲学断绝联系，因为哲学处于特定的衰落的历史的终极阶段；或者因为哲学已经如此之弱，以至于排除了继续做下去的可能性。最后，两种原因碰到一起：时代的学院哲学与时代本身一样

① Martin Heidegger: *Winke x Überlegungen (II) und Anweisungen*, 89. In: *Überlegungen II–VI*. GA 94. A.a.O.

脆弱。①

21 一个结果是“逃到信仰中或者什么别的野蛮的盲目性中去”。这里海德格尔所理解的野蛮的盲目性就是“理性化和科技化”。当然，理性化—科技化和“信仰”都被海德格尔拒绝了。这个“中断”一定得发生于另外的事件中，因为这个中断必须“同时就是开端的实行——以便使得这个停止一定是最本真的发生（Geschehen）和最后的努力——”。就像开端一定要成为现实一样，“中断”也要成为现实。但是，“被中断的和被-终结的”必须只能是“那个‘希腊之后’的哲学史之开端乏术的自我迷失”。从这个“事件的发生”（Geschehnis）中可以出现一个“开端的启动”，一个“又一次开端”。“第一次”和“另一次开端”的叙事——通过“中断”而凸显出来——就这样被发现了。②

22 这是一种“关于存在史”的叙事，海德格尔曾经对这个历史做

① 这里从事的是“后政治学”（Metapolitik，超政治学）。这个概念用于重新评价海德格尔时，应该从其特殊的意义上加以理解。此外，关于纳粹时期海德格尔的“政治”这一概念，参见 Christian Sommer: *Heidegger 1933. Le programme platonicien du Discours de rectorat.* Hermann Éditeurs: Paris 2013; Holger Zaborowski: *“Eine Frage von Irreund Schuld?” Heidegger und der Nationalsozialismus.* A.a.O.; Emmanuel Faye: *Heidegger, Die Einführung des Nationalsozialismus in die Philosophie.* Matthes & Seitz: Berlin 2009; *Heidegger à plus forte raison.* Éditions Fayard: Paris 2007; Tom Rockmore: *On Heidegger's Nazism and Philosophy.* University of California: Berkeley 1992，以及多娜泰拉·迪切萨雷（Donatella di Cesare）的重要文章：“Heidegger, das Sein und die Juden.” In: *Information Philosophie.* 2/2014, 8–21。我的文章并不是对海德格尔参加纳粹党以及脱离国家社会主义等问题的研究。这里我和迪切萨雷一样，关注的是反犹太主义的问题。当然这个问题作为一个重要的维度，必须放在整个语境中加以研究。

② “第一次开端”与“另一次开端”的论题一直激动着海德格尔的思想，直到 1945 年。对这个论题必须进行分析鉴别。比如这个关系决定了《哲学论稿》这部手稿的内容，这是十分清楚的。然而 1940 年以后的文本中，“另一次开端”的说法尽管不是突然销声匿迹，但也是渐渐地越来越少。到了 1941/42 年的手稿《据有之事》（*Das Ereignis*）的时候，其思想强调的重点早已不在这个关系上。在那里有这样的话：“把开端经验为没落。”参见 Martin Heidegger: *Das Ereignis.* GA 71. Hrsg. von Friedrich-Wilhelm von Herrmann. Frankfurt am Main 2009, 280。这里强调的是对历史的具体的经验。战争发展的形势日益紧迫，作为存在–悲剧性的（onto-tragische）运动的“没落”，现在变得愈来愈重要。

了如下的概括："第一次开端：升起（Anfgang），（理念），制造伎俩（Machenschaft）[①]。另一次开端：据有之事。"这个整体就是"那存在"（das Seyns）[②]，而叙事把两个开端和一个被标识为"制造伎俩"的终结联系在一起。"制造伎俩"就是到达其终结的"形而上学"；这种形而上学就在"据有之事"中被超越过去（über-wunden wird），被煎熬过去（ver-wunden wird）。这是一种非常近似的规定。海德格尔通过不同的途径想出来的"据有之事"，不可能用一句话把它说出来，如果它根本上是可说的话。[③]

存在史的这种结构，这种叙事，是有多义性的。这种叙述（Erzählung）的一个变体是在起源（Ursprung）与失落—沉迷（Ab-bzw. Verfall）的关系中展开的。此处的沉迷并没有将起源之特殊重复的可能性完全摧毁，但是把它给遮蔽了、拒斥了。在这个意义上，"制造伎俩"作为形而上学的终极形式，封闭了那个栖息之所：在那

---

① Machenschaft 原义是"欺诈""阴谋诡计"的意思，但在海德格尔使用的术语中是一个很麻烦的词。这个词的词根是 Machen，制作、制造的意思。就像中文的"人造"有否定含义一样，machen（制造）也是如此。Mache 就有伪装的意思。但是，海德格尔批评近代科学和技术以计算、数学为基础，离异了劳动中人与自然的天然关系，将此概括为 Machenschaft，我们翻译为"制造伎俩"。一般德国人并不这样用，字典中也找不到类似的说明，这是海德格尔生造的特殊用法。但是，他也使用这个词的"狡诈、行欺诈"的用法。译者专门为此请教了《黑皮本》编者特拉夫尼教授，他在回信中表达了同样的看法："在海德格尔的用词中 Machenschaft 两种含义都有（参见《海德格尔全集》，第 69 卷，186 页），就像您说的，这个词用于刻画技术的存在历史上的本质，其意义是从'制造'出发的，在他这儿是基本含义。但是附带的，该词在德语中的习常意义——阴谋诡计——他也使用。您可以参考古希腊文 *mechané*（Mechanik），它也有这两种含义，也有诡计的意思。在 Machenschaft 的第二个意义（制造伎俩，海氏基本意义）中也包含着寻常意义：在现代技术中我们总是在'欺诈'自然。所以，海德格尔是有意识地使用 Machenschaft 的歧义性。一个像海德格尔这样对德语驾驭得如此精熟的人，说他对该词的歧义性无意识，有谁能信？！"该词也可翻译为"做僞"，选"僞"字，兼有参考荀子思想的意思。用"僞"字强调，不是作假之"伪"，而是人驯象，让其听人使唤，人为之僞。该字保持了"人""手"和"象"三个符号，更好地保存了"人为驯象，改自然物为人为物"的意思。——译校者注

② Martin Heidegger: *Die Geschichte des Seyns.* 1. Die Geschichte des Seyns. 2. κοινόν, Aus der Geschichte des Seyns. GA 69. Hrsg. von Peter Trawny. Frankfurt am Main 2/2012, 27.

③ 参见 Peter Trawny: *Adyton. Heideggers esoterische Philosophie.* Matches & Seitz: Berlin 2010, 94ff.。

里，可能不仅仅经验到被拒斥的“存在之真理”，而且还可以经验到纯粹发生的“存在之真理”。从这个想法出发，距离我们将其称为存在史上的摩尼教式的二元对立（Manichäismus）的思维方式，只剩下一步之遥。①

“制造伎俩”，也就是近代的科技，仿佛变成了开启另类场所的一个敌人。“制造伎俩”必须消失，必须自我摧毁，以便另类东西——不管是隐蔽的还是公开的——得以发生。在 1941 年，海德格尔认为，“所有的帝国主义”——即战争中所有敌对的政治力
23 量——“都被推向追求科技的最高程度的完善”。他预测，这是发生这类事情之前的“最后行动”：“地球自身将被炸成碎片，现在的人类将彻底消失。”但是这并不是“不幸，而是存在通过实存的霸权统治，对其最深度的损毁的第一次纯净化”②。

“纯净化”的使用有多种含义：（1）“纯净化”是 κάθαρσις③。它是海德格尔的“存在-悲剧性的”思想的要素：在这里，存在（Sein）本身被视为悲剧。在亚里士多德的《诗学》（1449b27）里，κάθαρσις 在悲剧的语境中发挥着重要作用。悲痛和恐怖的过度发作，恰恰引起这种激动状态的净化。作为宗教的神圣仪式的 κάθαρσις 就更为古老了。④（2）“纯净化”是从不洁、肮脏中解放出来，而“不洁与肮脏”可以等同于作为质料、作为物质的“实存”。这个思想

① 我很清楚使用这个概念会引起的问题。摩尼教式的二元对立，主张，光明与黑暗两种不可调和的“原则”的斗争。与此对应，海德格尔把“存在”与“实存”割裂开来（在“存在”中又有“纯存在着的”[Seyendes]）。

② Martin Heidegger: *Überlegungen XIV.* In: Ders.: *Überlegungen XII–XV.* GA 96. Hrsg. von Peter Trawny. Frankfurt am Main 2014, 113.

③ 古希腊文，净化的意思。——译校者注

④ 参见 Walter Burkert: *Griechische Religion der archaischen und klassischen Epoche.* Verlag W. Kohlhammer: Stuttgart etc. 1977, 129–142。

让人想起了新柏拉图主义。粗略地说，新柏拉图主义在质料中看到的是罪恶。（3）“纯净化”是对可能妨碍了本己的纯粹性的异物的灭绝。“去灭绝实存”这个意义上的纯净化，海德格尔是拒绝的。但是，最后人们还是要问，海德格尔真的能完全撇清与这第三种纯净化的意识形态的关系吗？

这样，此处似乎涉及“实存与倖在（dem Seienden und dem Seyn）之间决断”①的问题，仿佛“倖在”与“实存”之间的区别，构成了非此即彼的选择。人们可以看到，这种叙事，这种叙事的气 24
氛，于20世纪30年代末，在海德格尔的思想中不断加强。他心中设想的这种追求，最终把“倖在”解放出来的所谓“决断”的紧张性，导致了他的思想日益加剧的依赖性：他越想解放，就陷入越大的依赖性。②这种思想中留下了世界大战的明显痕迹。在海德格尔后期关于科技的思考中，“架–座”（Ge-Stell）③本身包含了与“倖在”的关系之可能性，但这种关系业已发生了演变：“倖在”与“实存”的摩尼教式的二元对立减退了；“倖在”与“实存”的区别已经不是非此即彼的对立；作为“敌人”的科技也消失了，尽管哲学家仍然

---

① Martin Heidegger: *Überlegungen X,* 40. In: Ders.: *Überlegungen VII–XI.* GA 95, Hrsg. von Peter Trawny. Frankfurt am Main 2014. 参见 Martin Heidegger: *Überlegungen XIII*, 28. In: Ders.: *Überlegungen XII–XV.* GA 96. Hrsg. von Peter Trawny. Frankfurt am Main 2014。“所有成员都知道那个决断：将是谁的统治，是实存的，还是倖在的。”

② 海德格尔自己看到了这一问题，因为他曾写道：“当从一种直接的依赖性中站起来，又跌入不可避免的所有的敌对和斗争之中，那种奴役该有多么可怕！”（Martin Heidegger: *Überlegungen IV*, 93. In: Ders.: *Überlegungen II–VI.* GA 94. A.a.O.）关于海德格尔在“倖在”和“实存”之间的这种特殊的二择一的方案，我们可以说，“倖在”同“实存”分割得越厉害，它对实存的依赖性就越强。在这种情况下，“听之任之”（Gelassenheit）就意味着，“倖在”与“实存”之间的关系越松弛，他对这种关系就越满意。

③ 参见 Martin Heidegger: *Der Satz der Identität.* In: Der.: *Identität und Differenz.* GA 11. Hrsg. von Friedrich-Wilhelm von Herrmann. Frankfurt am Main 2006, 45f.。其中的说法可以使人们认为，“架–座”可以看作是“发–生”（Er-eigniss，出事）的前奏。

在这里谈论着对它的“扭变”（Verwindung）①。

在《思索（九）》中我们可以看到关于存在史上的摩尼教式的二元对立的进一步的例子。这些文字写于 1938 年的某个时候。海德格尔注意到，“当前第二次世界大战已经进入人们的视野”，看起来，“似乎真正的决断又一次未能被计算在内”。因为，“决断”的意思
25 “不是在以下情况做选择：战争还是和平，民主还是独裁，布尔什维主义还是基督教文化——而是指去沉思，且去寻觅，那经由‘㑇在’而来的开端性的据为己有之事（Ereignung），还是去妄想，那些失去了根的人类的最终‘人化’”②。然而人类似乎变得不仅“无决断能力”，而且“无决断需求”。因为“人的满足”仅在“享乐（在这种享乐中，平庸与暴力走到一起）中不断膨胀”。这种“非此一即彼”已经到了无以复加的程度，而且还进一步展开为是去对栖居于“㑇在”的“達-在”（Da-sein）自由进行思考，还是去做完全整合到现代社会功能里面的，也就是整合到“实存”里面的生物，繁殖苟延。③在这种非此即彼的方案中，只能有一种暴力的决断。谁无视这个决断，谁就堕入“妄想”。

没有一种叙事是不带主角演员和配角演员的。我们已经听到了，海德格尔谈到“民族和种族”。在 1933 年以前的大课中，他回避了此类说法。在这之前，《黑皮本》手稿中已经出现了这样的断

① Martin Heidegger: *Leitgedanken zur Entstehung der Metaphysik, der neuzeitlichen Wissenschaft und der modernen Technik.* GA 76. Hrsg. von Claudius Strube. Frankfurt am Main 2009, 363.

② Martin Heidegger: *Überlegungen IX*, 16f. In: Ders.: *Überlegungen VII–XI.* GA 95. A.a.O.

③ 这第二种供选择的方案，让人们记起了存在史上的一个形象，即尼采的所谓“最后的人”。（参见 Friedeich Nietzsche: *Also sprach Zarathustra. Ein Buch für Alle und Keinen.* Kritische Studienausgabe. BD. 4. Hrsg. von Giorgio Colli und Mazzino Montinari. Dtv und De Gruyter Verlag: München und Berlin 1980, 19。）在整个《思索》中，没有任何其他哲学家能同尼采相比：人们到处可以感觉尼采的身影。当时海德格尔想要以尼采的声音讲话，并试图超过尼采的声音。

言（好像无缘无故地突然冒出来一样）：“只有德国人还能原初地重新吟诵（dichten）和谈论（sagen）存在——只有德国人将重新占领θεωρία（静观沉思）的本质（Wesen，具体实施）①，并最终创造出其逻辑。”② 开始的时候，这个叙事只有两个主要演员：“希腊人”和 26
“德国人”。两者以交错的方式，同时扮演着开端和终结。“希腊人”标志着“西方哲学的开端”。当这个开端过渡到它的终结的时候，希腊人自己在这里就失去了进一步参与发展的途径和方式③，而“德国人”却恰好以（因）来到“西方”的方式，出现在终结发生的地方。在历史上，只有开端出现的地方，终结才会生发。

由于一切思想都包含在这个终结之中，因此，整个“德国思想”也迎来了这样的终结。但在这里，“德国人”开始在“希腊人”那里看出了一个开端，并因此，“德国人”现在就有能力以另外的方式来重复这个开端。海德格尔期待，德国人首先能有一个纯粹的哲学意图：重新实现“θεωρία 的本质”和“逻辑”——也就是说，建立一种与迄今为止的近代的理论和逻辑完全不同的 θεωρία 和逻辑——对这样的计划，那些国家社会主义者本来应该是感兴趣的，尽管对他们来说，这个计划肯定有些晦涩难解。但是，为了使这个计划得以实施，必须首先为终结做好准备。他在思考哲学的中断的那个段落末尾这样说：“没落不是作为一种无价值的东西，而是作为德国人最内在和最外在的任务，去主动抓住，并且顽强地坚持，这样，那个没落也就达到了它的伟大。”“没落”就是终结。它必须被看作德国

① 德文 Wesen 一词，既可以指抽象的本质，也可以指具体一类事物的具体存在。比如，ein weibliches Wesen，一个女人，也可指行为、活动。——译校者注

② Martin Heidegger: *Winke x Überlegungen (II) und Anweisungen*, 30. In: *Überlegungen II–VI.* GA 94. A.a.O.

③ 原文直译：希腊人自己以一种他们那里不可能再发展的方式参与到终结中。——译校者注

人的任务。它是“中断”的一种形式，这种形式就像是终结有意而为之似的——而不是简单地任其发生而已。后来海德格尔总是反复地回到这一关涉“没落”的“任务”。

海德格尔现在看到了展现在他面前的自己思想的图景。“希腊人”——“第一次开端”；“德国人”——“另一次开端”。所有的一切，中世纪、近代、现代所贡献的一切，都被纳入这个关系中。在
27 历史的舞台上演出的所有的一切，都被视为某种先驱。首先是“罗马人”，然后是“基督徒”，尤其是其中的“耶稣会士”，但是也包括“新教徒”和“天主教徒”，然后是“俄罗斯人”或者叫“俄罗斯民族”（Russentum），“中国人”（Chinesentum），“英国人”，“法国人”，“美国人”或者叫“美国主义”，“欧洲人”，“亚洲人”。所有这些人群之集合，都在“第一次开端”到“另一次开端”的秩序中获得了各自的位置。“犹太人”当然也在其中。

今天对于我们而言，这些集合概念的使用是成问题的。但是依此去批评海德格尔生活的那个时代的人对这些集合概念的使用，那就是一种时代错位。① 这种使用在当时十分普遍。比如，赫尔曼·柯亨（Hermann Cohen）于 1915 年在他的文章《德意志文化和犹太文化》（“Deutschtum und Judentum”）中对这些集合名词的使用，与后来海德格尔的用法可以说毫无差别。就像德国人给一般的犹太人

① “当然，当我们说‘德国人’‘犹太人’的时候，这种概念的泛化之困难会吓到观察者。但是在那些冲突四起的年代，这种分类倒是很好处理。尽管这类一般性范畴的问题是如此之大，但也未能阻止得了它们的有影响力的使用。”参见 Gershom Scholem: *Juden und Deutsche*. In: *Judaica 2*. Suhrkamp Verlag: Frankfurt am Main 1970, 20f.。下文中我将把引号省略，理由是：我们还不能决定，是否可以彻底不用这些概念了。因为完全的个体化，需要一个普遍的视野作为出发点和背景。只要我们还没有真正地从集合认同中彻底走出来，那么，集合概念就一直保持它们的多义性。引号的省略并不是否定这种多义性，而是为了文本的可读性，这比引号要重要得多。

的特征定性一样，犹太人也用同样的方式给德国人进行特征定性。[1] 第三帝国的终结，也是这类集合概念的终结，并使得海德格尔叙事 28 的框架——“德国人”和“希腊人”的两极相对的框架——随之散架了。

把海德格尔与国家社会主义绑到一起的所有的东西，都源自于关于希腊的“第一次开端”和德国的“另一次开端”的叙事。这类叙述构成了海德格尔欢迎“国家革命”[2] 并愿意为其服务的基础。用这种叙事建立的联系，被海德格尔合成为一种“精神国家社会主义”[3]，以便与之前的“庸俗国家社会主义”[4] 相区别。不管在哲学上他与国家社会主义有多大的分歧与距离，他的这种叙述一直忠实于这种精神国家社会主义，直到最后德国“投降”。[5] 所以，当海德格尔说到“同时以不同的方式，努力去实现关于德国人的本质和规定的决断，并且以此实现对西方文化的天赐之命的决断”时，海德格尔的思想与国家社会主义是有密切联系的，尽管不是“直-接”，但是毕竟“间接”地联系在一起。对海德格尔而言，“革命”从一开始就意味着：由“德国人”去肩负起转变“西方文化的天赐之命”[6] 的

① Hermann Cohen: “Deutschtum und Judentum.” In: *Deutschtum und Judentum, Ein Disput unter Juden aus Deutschland.* Hrsg. von Christoph Schulte. Reclam Verlag: Stuttgart 1993, 52. “德意志人的人性仅仅建立在一种伦理学的基础上……在这一关键点上，倒是每个人都能感觉到，德意志人同犹太人之间的内在的共同性。因为，人类这个概念就起源于以色列先知们的弥赛亚主义。”

② Max Domarus: *Hitler. Reden und Proklamationen 1932–1945.* Bd. I. *Triumph.* Erster Halbband 1932–1934. Süddeutscher Verlag: München 1965, 240. 在奥托·韦尔斯（Otto Wels）拒绝 1933 年 5 月的国家社会主义的授权法案的著名讲演中说：“国家社会主义党的先生们把由他们发动的运动称作民族（国家）革命（nationale Revolution），而不是国家社会主义的革命。”我之所以要提到这一点，就是因为，比起国家社会主义来，海德格尔关于希腊人和德国人那里的两个开端的叙事，更容易同国家（national，民族）融合在一起。

③ Martin Heidegger: *Überlegungen und Winke III*, 42. In: Ders.: *Überlegungen II–VI.* GA 94. A.a.O.

④ Ibid., 52.

⑤ Martin Heidegger: *Zum Ereignis-Denken*, GA 73. 1. Hrsg. von Peter Trawny, Frankfurt am Main 2013, 848.

⑥ Martin Heidegger: *Überlegungen VII*, 24. In: Ders.: *Überlegungen VII–XI.* GA 95. A.a.O.

29 任务。告别这个“革命”的过程，对海德格尔来说是十分艰难的。经过了很长的时间，他才找到了从世界历史的德国“革命”之梦中摆脱出来的思维方式。

与此同时，也是这种叙述，使得海德格尔能够同现实生活中的国家社会主义保持足够的距离。到 20 世纪 30 年代末期，海德格尔对现实生活中的国家社会主义的批评越来越激烈：批判它对种族概念的绝对化，批判它的一般意义上的生物学主义，批判它对国家进行的科技化，批判它的帝国主义，最后批判它的国家（民族）主义。海德格尔可以把这种批判变换为“克服形而上学”的哲学思想，即将其变换为对国家社会主义——西方形而上学最后的，但是必要的形态——的克服。这的确是这种富有成效的叙事的成果。而在实际的行动中表现出来的，则是海德格尔同国家社会主义关系的变动：在 1930 年至 1934 年写下的一个说明[①]可以确凿证明[②]，海德格尔参加国家社会主义党团的第一阶段，与他寄希望于“另一次开端”的直接的“革命性”的实现有关，而在接下来的第二阶段，海德格尔认为，“出于思考上的根据，以及对它加以肯定的必然性”[③]出
30 发，尽管国家社会主义堕落到了完全的“制造伎俩”中，但是，对

① 据我看，海德格尔在《形而上学导论》中对“这个运动（指纳粹运动）的内在真理和伟大”的著名评论（即［这个运动］是在全球性尺度上起决定作用的科技与近代的人类的遭遇），就应该这样理解。对于向“另一次开端”的过渡而言，国家社会主义曾经是必不可少的。参见 Martin Heidegger: *Einführung in die Metaphysik*. GA 40. Hrsg. von Petra Jaeger. Frankfurt am Main 1983, 208。果然，这个说法在 1934/35 年冬季学期的大课讲稿，《荷尔德林的颂歌〈日耳曼尼亚〉与〈莱茵河〉》（*Über Hölderlins Hymnen "Germanien" und "Der Rhein"*）中已经出现。但是，说海德格尔在此时就已经对国家社会主义作出了存在史上的解读，还是有些难以置信。“国家社会主义的内在真理和伟大”在 1935 年的时候的意思是：服务于与希腊人与德国人之间的关系对应的“第一次开端”与“另一次开端”的叙事。

② Martin Heidegger: *Überlegungen XI*, 76. In: *Überlegungen VII–XI*. GA 95. A.a.O.

③ Ibid. 海德格尔在这里对“思考上的根据”的强调只可以这样理解：他遵照的是“1930 年至 1934 年间”表现出来的政治根据。毫无疑问，这已经是一种自我解读，对此我们应该持审慎的保留态度。

于“形而上学的克服”（“另一次开端”的另一种说法）而言，它仍然是历史发展中的一个必然步骤。

在这种存在史上的形态测绘学中，犹太人是如何登场的，是我们至此尚未回答的问题。

# 31 存在史上的反犹太主义的样式

反犹太主义有不同的形式，但核心都是一个：反犹。同海德格尔有关的反犹，涉及的是《黑皮本》中的三段说明，它们以三种相互协调的不同方式，展示了存在史上反犹太主义的内容。“存在史上的反犹太主义”这个概念并不是说，这里有一种特殊的、精心炮制的反犹太主义，或者说，它是一种更加狡猾的反犹太主义。海德格尔的反犹是从一般的众所周知的反犹太主义形式出发的。当然，海德格尔对它做了哲学的，也就是存在史上的解释。下面引用的三段话可以代表海德格尔这种解读的三种类型。

## 引文一

> 犹太人短暂的权力攀升的原因就在于，西方人的形而上学，特别是它在近代的发展，为一种往往空疏的理性和计算算计能力（Rechenfähigkeit）的传播扩散，提供了初始条件。理性和计算算计能力借此为自己获得了在“精神思想”中的一席之地，而与此同时，却不可能从其自身出发，去理解西方形而上学中隐匿的决断领域。未来的决断和问题愈加原初，愈加初始，这

个"种族"就愈难以接近。(因此，胡塞尔通过废止对各种看法的心理主义的解释和史志学的［historisch］[①]错误评估而走向现象学的观察方式，具有永恒的重要性——尽管如此，这种观察方式从来没有接触到本质性决断的领域，而是处处都以哲学的历史遗产为前提。其不可避免的后果显示，一旦转向了新康德主义的先验哲学，它最后就不可避免地继续向形式意义上的黑格尔主义发展。我对胡塞尔的"攻击"，并非仅仅是针对他个人的，而且根本是非本质性的。我的攻击更主要的是针对对存在追问的迟误耽搁，也就是说，针对一般的形而上学本身。正是以此形而上学为基础，才使得实存的制造伎俩有能力去决断历史。这种攻击的根据建立了这个最高决断的历史时刻：到底是实存的优势，还是俦在的真理的奠基。)[②] 32

## 引文二

基于他们强调计算算计的天赋，犹太人很久以来早就已经按照种族原则"生活"了，因此，他们才全力以赴地激烈反对种族原则的不加限制的运用。种族式的培育（Aufzucht）的建立，并不是起源于"生活"本身，而是起源于通过制造伎俩对生活的高度控制（Übermächtigung）。通过这种计划所要追求的，是一种对人民进行的完全彻底的去种族化（Entrassung）[③]，

① Historisch 在海德格尔的语汇中是贬义的，是基础存在论上错误的，是与基础存在论上正确的 geschichtlich，即历史性的，直接相对立的概念。——译校者注

② Martin Heidegger: *Überlegungen XII*, 67. In: Ders.: *Überlegungen XII–XV*. GA 96. A.a.O.

③ 这似乎是一个海德格尔的自造词，按构词（ent-rassen）应该是"消除种族"的意思，消除各民族中的种族性，和后面的自我异化相对。——译校者注

通过去种族化将其约束在一切实存之构造相同和剪裁相同的设施中。凭借去种族化，人民的自身异化就步入到一个东西历史的——也就是对侼在的决断之领域的丢失。①

33

## 引文三

在分配帝国主义的“优先权”的意义上，同英国取得谅解的想法，根本不触及该历史的进程的本质——在美国主义和布尔什维主义内部，同时也是世界犹太人的内部，英国已经输掉了。关于**世界犹太人**的角色问题，并不是一个种族问题，而是一个关于人类性质（Menschen-tümlichkeit）之种类的形而上的问题。此人类性质能够把**毫无约束地**将一切实存（alles Seienden）从存在中连根拔起，当作世界历史“使命”（Aufgabe）来担当。②

## 对引文一的说明

20 世纪 30 年代后半叶，大概 1937 年左右，在《思索（八）》中，犹太人或犹太文化（die Juden oder das Judentum）作为存在史叙事的角色（Akteur）③首次直接亮相。④“**庞然巨物**（Riesigen）的

① Martin Heidegger: *Überlegungen XII*, 67. In: Ders: *Überlegungen XII–XV*. GA 96. A.a.O.

② Martin Heidegger: *Überlegungen XIV*, 121. In: Ders.: *Überlegungen XII–XV*. GA 96. A.a.O.

③ Akteur 有“行动者”和“演员”的意思，我们这里选用了演员的意思，故译为“角色”。——译校者注

④ 当然我不是指全部海德格尔著作中，犹太人概念在这里是第一次出现。我这里说的仅限于《黑皮本》。1933/34 年冬季学期的研究班记录中，记下的下述表述成为讨论的话题：“我

（转下页）

潜伏最深的、也许‘最为古老’的形态之一”，据说就是“‘算计计 34
算’（Rechnen）和‘倒卖放贷’（Schieben）[①]的坚韧的熟练灵活性（Geschicklichkeit）以及它们的混合。正是它们奠基了犹太人的无世界性”。[②]对于这个阶段的海德格尔来说，“庞然巨物”是“制造伎俩”的形式之一，也就是说，是处于独裁地位的、对世界进行理性化和科技化的形式之一。世界的这种发展需要一种特定的思维形式，海德格尔想要在犹太人的“算计计算的熟练灵活性”以及“计算算计能力”里找出（erkennen）这种思维形式。

这种奇怪的想法需要更准确的解释。因为，海德格尔在这里并没有声称，“无世界性”仿佛是犹太人的自然本性。[③]更确切地说，

---

（接上页）
们德国的空间的自然本性（Natur）的规定，对于一个斯拉夫的民族（Volk）来说，显然是不同于对于我们来说的规定。对于居无定所的闪米特民族来说，对这种规定就从来没有过感觉。”参见 Martin Heidegger: “Über Wesen und Begriff von Natur, Geschichte und Staat.” Übung aus dem Wintersemester 1933/34. In: *Heidegger und der Nationalsozialismus, Dokumente. Heidegger-Jahrbuch 4*. Hrsg. von Alfred Denker und Holger Zaborowski. Karl Alber Verlag: Freiburg u. München 2009, 82。对海德格尔而言，地域与自身之间的关系十分重要，而这个说法恰恰同海德格尔这一重要贡献相吻合：“大地”（Erde）对海德格尔而言不是一般意义上的地球的意思，而是指对于不同的民族而显得完全不同的、在其相应的水土中的“生根”（Verwurzelung）。[中国人所谓的“一方水土养一方人”。——译校者注] 在这个意义上，德国的国土唯一地适应于德国人。上面引述的表达，从内容上看，属于存在史上的反犹太主义，但是从用词上不太像海德格尔的用语。这个讨论班记录的执笔人是赫尔穆特·伊巴赫（Helmut Ibach）。也许他就是《袖珍战地讲道书》（*Kleine Feldpostille, Soldatische Riebtbilder aus drei Jahrtausenden*. Verlag A. Fromm: Osnabrück 1962）一书的编者赫尔穆特·伊巴赫。为什么存在史上的反犹太主义在 1937 年左右出现于《黑皮本》中，在 1939 年至 1941 年之间进一步升级，这个史学问题十分重要，但是我们只能根据推测给予回答。令人关注的是：海德格尔把犹太人等同于战争的敌人。德国和他自己关于德国人肩负的西方特殊使命的思想，在政治和军事危机中陷入得越深，再加上，他的两个儿子赫尔曼和约尔格（Jörg）越直接地卷入到战争冲突之中，海德格尔调动他的反犹太主义的思想行动就越频繁。

① 德文的 Schieben 含有“倒卖”“走私”的含义，也有推诿的意思。——译校者注

② Martin Heidegger: *Überlegungen VIII*, 9. In: Ders.: *Überlegungen VII–XI*. GA 95. A.a.O.

③ 这一思想表面上看起来，排除了它与黑格尔“民族精神”或者“诸民族精神”学说之间联系的可能性。因为黑格尔说：“各种具体理念，即各种民族精神（Volksgeist），在绝对的普遍性这一具体理念中，即在世界精神中，具有它们的真理和规定；它们侍立在世界精神的

（转下页）

35 他认为，“无世界性”是通过“算计计算的坚韧的熟练灵活性”才“建立起来的”。而这种“熟练灵活性”则是“庞然巨物”——也就是“制造伎俩”——之潜伏最深的形态之一。因此，“犹太人的无世界性”的根源就是“制造伎俩”。“制造伎俩”使得“算计计算”这种对世界起着决定性作用的活动占了统治地位。“制造伎俩”要求并建立了人类的“无世界性”，这是海德格尔进行科技批判工作中的著名论题。但是让这个论题奠基于“犹太人的无世界性”，却将这一思想推向争议的极端，而这种极端化是很成问题的。

这里海德格尔显然确实把一种反犹的陈词滥调（一种“强调其计算算计的天赋”的言论）做了存在史性质的转换，并将这种思想形象固定在他自己的反犹太主义上。这就是所谓“犹太奸商”（Schachern）的特征刻画。① 这种关于犹太人的最熟悉的形象，在任何一种反犹太主义中都可以看到。从 12 世纪以降，在基督教化了的西方，放贷吃利息是被禁止的，但是根据教皇颁布的法令，犹太人除外。于是，在西方社会中，犹太人就是唯一获准从事金融借

---

（接上页）

王座的周围，作为它的现实化的执行者、和它的庄严的见证和饰物而出现。”（Georg Wilhelm Friedrich Hegel: *Grundlinien der Philosophie des Rechts*. Hrsg. von Johannes Hoffmeister. 4. Aufllage. Felix Meiner Verlag: Hamburg 1955, § 352, 293；黑格尔：《法哲学原理》，范扬、张企泰译，商务印书馆，1982 年，第 356 页）还可参见 Georg Wilhelm Friedrich Hegel: *Vorlesungen über die Philosophie der Weltgeschichte. Bd. I. Die Vernunft in der Geschichte*. Hrsg. von Johannes Hoffmeister. 6. Aulflage. Felix Meiner Verlag: Hamburg 1994, 59f.。当海德格尔在把“制造伎俩”做成起诉“从事算计的犹太文化”和帝国主义的国家社会主义的理据（Begundungsinstanz）的时候，他似乎绕开了普遍性与特殊性之间的关系这一问题。然而从结构上看，仍然保留了“民族精神”与“世界精神”的分离结构——只不过，20 世纪的“世界精神”成了“制造伎俩”而已。

① 在 1920 年给他的夫人埃尔福丽德·海德格尔（Elfride Heidegger）的一封信中，海德格尔写道：“在这里人们经常谈论是：现在各个村庄都有如此多的牛被犹太人买走……这里的农民也渐渐变得厚颜无耻，并且，到处都充斥着犹太人和奸商。”参见 *“Mein liebes Seelchen!”, Briefe Martin Heidegger an seine Frau Elfride, 1915–1970.* Hrsg. von Gertrud Heidegger. Deutsche Verlags-Anstalt: München 2005, 112。

贷生意的社会群体。与此同时，犹太人被禁止进入其他的手工业行当。这就使犹太人直接同金钱联系在一起（也就是，没有从事“正当的职业”）的历史背景。原本“Schachern”一词在意第绪语（Jiddisch）① 中就是“经商”的意思。

把犹太人同金钱联系在一起的联想，从社会学上看，恰恰 36
滋生于边远省份、农业地区——就像海德格尔的故乡梅斯基希（Meßkirch）——的生活方式：农民和手工业者挣到手的那点儿钱都是“用自己的汗水换来的”，而出于上面提到的原因，或者其他原因，犹太人的收入则是通过其他途径而获得的。② 对犹太人的其他描述，都由此出发，接踵而来。其中之一恰恰与“世界犹太人”的想法正好对应，它涉及通过对国民经济的控制和其他手段，染指对世界的统治（这里指的是所谓《锡安长老会纪要》[*Protokolle der Weisen von Zion*]，我们后文还会详细讨论它，因为，海德格尔的思

① 这是直到“二战”结束之前，在部分德系犹太人中使用的一种特殊的语言，受德语影响很大。——译校者注

② 参见 Martin Buber: “Sie und Wir.” In: *Deutschtum und Judentum*. A.a.O., 157。“这里触及著名的关于犹太人与占统治地位的民族的经济生活之间的关系问题：犹太人的参与并不是从给房屋打地基开始的，而是从房屋的第三层开始的。在初级产品的生产方面，在原材料的艰难的获取方面，在艰苦的土地上的劳作方面（不管是农业还是采矿业），犹太人都没有什么贡献，或者极少有什么贡献；在对原材料的手工加工方面，大多数犹太人也更倾向于以一些工作轻松的、坐在椅子上就能完成的事情为职业；在工业加工方面，他们宁可雇用技术员、工程师和厂长经理等管理人员，以便自己能远离在机器上繁重劳动。令我非常担心的是，我听说，在苏俄的经济活动中，情况也没多大改变。”这也是在 1939 年人们是怎样描述犹太人特性的一个例子。马丁 · 布伯（Martin Buber）不是从历史性的，而是从“民族生活”的语境，来论述犹太人的。关于犹太人同“初级产品的生产”之间的关系的讨论，似乎是有了一定的传统。西奥多 · 赫茨尔（Theodor Herzl）已于与韦伯争论的时候写道：“如果有谁想要让犹太人去当农民，那他就犯了一个严重的错误。农民是一个历史范畴，人们认出他是农民来的最好办法，就是看他的穿着打扮，在大多数国家，这种穿着都有上百年之久了，以及他的工作用具，它们与远祖时代使用的工具没什么区别……但是，我们知道，现在所有这类工作，都有了相应的机器，土地耕种问题成了机械问题。美国一定会战胜欧洲……”参见 Theodor Herzl: *Der Judenstaat*. Jüdischer Verlag: Berlin 10 1934, 25f.。赫茨尔把“初级产品的生产”问题同科技的近现代的意义问题紧密联系在一起。

37 想极有可能与此有关）。另外一个就是把犹太人纳入形而上学—宗教上的“拜金主义”（Mammonismus）① 的立场。这是齐美尔（Georg Simmel）的一个概念，它被用于批判地讥讽对金钱的神化与崇拜。还有一种完全一般的说法：犹太人精于计算。

海德格尔非常宽泛地把算计计算同理性连接在一起，以便把他以前的老师胡塞尔也纳入到某种历史序列之中去，在这个序列中，“短期内权力正在不断攀升的犹太人”，被斥责为把“西方的形而上学——首先是在其近代的发展中的那种形式”——引入了无决断性（Entscheidungslosigkeit）。海德格尔谈到对胡塞尔的“攻击”，但是马上又将其弱化，他说，那“根本是非本质性的”。然而在那种新创的系列归属的背景前，这种弱化显得根本不可信。胡塞尔被列入“空洞的理性和计算算计能力”构成的历史之中，其根据是他属于那个“种族”。虽然我们不能忽略了，海德格尔给“种族”这个概念加了引号，但是，无论对这个引号怎么解释，都不会使海德格尔思想的总方向有任何弱化和改变。

海德格尔这些言论之所以成问题，不仅仅由于他的下述思想：胡塞尔的现象学“从来没有”达到过“本质性决断的领域”之内的水平，这应归罪于胡塞尔属于犹太族。除此而外，更成问题的是，这使得“二战”以后他经常在演讲中对与“沉思性思维”（besinnlichen Denken）相区别的“计算性思维”（rechnenden Denken）② 的批评，带上了一种腐臭的异味儿，而这种“计算性思维”永远不会像“沉思性思维”

① Georg Simmel: “Deutschlands innere Wandlung.” In: Ders.: *Der Krieg und die Geistigen Entscheidunge. Reden und Aufsätze.* Duncker & Humblot: München u. Leipzig 1917, 14ff.

② Martin Heidegger: *Gelassenheit*. Verlag Günther Neske: Pfullingen 1959, 12f. “计算性思维做算账活动。应用持续更新的，总是更有发展前途的，同时更廉价的可能性进行计算。”

那样，在其身上发现“本土性”（Bodenständigkeit）①。因为，“家乡” 38
中的“本土性”的对立概念之一，就是“无世界性”，而作为“制造伎俩”之结果的“无世界性”，根据海德格尔的观点，恰恰是犹太人的特征。②到底理性本身应该是犹太人的存在史上的发明呢，还是海德格尔把犹太人解释成“制造伎俩”在其中发展自身的一种形式呢？

但是，不管上述问题的答案是什么，把“算计计算的熟练灵活性”单单算在近代哲学的头上，是不合情理的。当然，人们可以确定地说，数学在科技上的应用，以及在16、17世纪发展起来的自然科学中的应用，使得数学获得了新的意义。但是必须清楚地看到，即使是数学意义上的*Mathesis*③，其来源也是古希腊思维。④这一点正好和海德格尔关于古希腊与德国之间在存在史上的关系的叙事相映照。在这种关系中，毕达哥拉斯主义者，柏拉图同毕达哥拉斯主义者的关系，特别是《蒂迈欧篇》中对数学的引入，欧几里得和他的《几何原本》，均找不到任何位置，更不用说古埃及人——古希腊人从他们那里学到了数学（以便对它做另外的解读）。

在海德格尔那里，加在犹太人身上的是反犹太主义的一种类型，即犹太人是“算计计算和倒卖放贷的熟练灵活性，以及

① 直译：脚下土地的坚实性。——译校者注

② 列奥·施特劳斯特别强调海德格尔对“本土性”这个概念的使用，这恐怕绝非偶然。参见 Leo Strauss: “Philosophy as Rigorous Science and Political Philosophy.” In: Ders.: *Studies in Platonic Political Philosophy*. Hrsg. von Thomas L. Pangle. University of Chicago Press: Chicago und London 1983, 33。

③ 原来希腊文为知识的意思，后来，因为数学的重要，人们把数学称之为*Mathesis*。现代西文中至今依旧如此称呼数学。——译校者注

④ 海德格尔也了解这一点，因为他写道：“数学上的认知观念在近代开始时——尽管从根儿上说是古代的……”参见 Martin Heidegger: *Winke x Uberlegungen (II) und Anweisungen*, 63. In: Ders.: *Überlegungen II–VI.* GA 94. A.a.O.。但是这样人们更会问，为什么海德格尔没有坚持这一洞见，并对它加以发展呢？

39 它们的混合”，并且对此在哲学上做了进一步骇人的详尽解读（ausinterpretiert）。犹太人显得好像是被“制造伎俩”所统治的无世界的、专注算账的主体，这个主体通过计算算计“在‘精神’中为自己创造了一个住所”。在这个意义上，恰恰这个“住所”成为了海德格尔所谓“攻击”的目标。①

## 对引文二的说明

在上面的第一段引文中，海德格尔从一种“种族”的特征出发，间接地对胡塞尔的现象学进行了说明，其中的引号应该标示了他与“种族”这一概念保持距离的态度。实际上，海德格尔拒绝国家社会主义的“种族思维”，反对这种思维，认为“所有的种族思维”都是“近代的”，都是运动在“把人把握为主体（Subjektum，基底）的思想轨道上的”。②但是同时，同样不可避免的是，“种族思维”属于近代的那种存在（*dem* Sein der Neuzeit），属于“制造伎俩”。“种族思维”是“制造伎俩的结果”。③

海德格尔根本不想染指“种族思维”，这一点十分清楚。但是这
40 根本不意味着，海德格尔质疑“种族”的存在。他认为“种族”是

① 在《哲学论稿》中，似乎可以找到一个段落，对这里提出的看法给出了反证：“把实验研究说成是北方—日耳曼的，相反把理性研究说成是外来的，这种说法完全是胡说。因为这样我们就必须做出决定，把牛顿和莱布尼茨算作‘犹太人’。”参见 Martin Heidegger: *Beiträge zur Philosophie (Vom Ereignis)*. GA 65. Hrsg. von Friedrich-Wilhelm von Herrmann. Frankfurt am Main 1989, 163。但是这是一种假象。所有的“计算性思维”都是“犹太的”与所有的“犹太思想都是计算性的”这两个命题并不相等。第一个命题一定会被海德格尔拒绝，因为，事实上，近代的伟大思想家都不是犹太人。海德格尔会接受第二个命题，而与第一个命题并不矛盾。参见上条注释。

② Martin Heidegger: *Überlegungen XII*, 69. In: Der.: *Überlegungen XII–XV*. GA 96. A.a.O.

③ Ibid., 82.

“历史性的達在（被抛性［Geworfenheit］）的一个必要的、直接表达出来的条件”。在“种族思维”中，种族被伪造成“唯一的和充分的……条件”。“一个条件”被“拔高为绝对的东西”（Unbedingten，无条件的东西）。① 据此可以看出，海德格尔与“种族思维”之间的距离，涉及对诸多因素中的“被抛性”因素于理论上的绝对化，但是这并不触及“种族”属于達在的看法。

然而海德格尔并没有详尽说明，在他的思想中，“种族”是如何成为“被抛性”的“一个……条件”的。每当碰到需要对達在的肉体的进行考察时，海德格尔几乎总是退避三舍。谈论“文化”（kulturell）内涵，对海德格尔来说，也几乎是不可能的，因为他根本就拒绝“文化”（Kultur）这个概念，直至对其进行激愤的批判。假如要展开论述的话，他顶多也就能容忍一种人种学（ethnisch）上的解读。假如要做的话，“种族”将被理解为“民众的归属性”（Volkszugehörigkeit）。但是这样，关于“种族”的意义是什么的问题，就会重新被提出来，只不过是在另外一种关联中提问罢了：除了共同属于一个语言团体之外（从这一点出发，犹太人常常是更优秀的德国人），“民众的归属性”还表达了什么内容呢？海德格尔这里的“种族”是什么意思的问题，我们后面会具体讨论。尽管海德格尔没有接受来自“制造伎俩”的“种族思维”，但是我们仍然可以重构出海德格尔与国家社会主义意识形态的亲密关系。

我们的哲学家一方面把“种族思维”解释为“制造伎俩的结果”，另一方面又认为，“基于他们强调计算算计的天赋，犹太人很久以来早就已经按照种族原则‘生活’了”。这两种不同的说法之间是什么关系

① Martin Heidegger: *Überlegungen III*, 127. In: Ders.: *Überlegungen II–VI.* GA 94. A.a.O.

呢？它们的结论之一难道不是“制造伎俩”与“计算算计的天赋”是
41 一体的吗？看起来应该如此。尽管这样，对这个问题的说明还是需要
特殊的谨慎，因为这里涉及存在史上的反犹太主义的一个基本要素。

海德格尔认为“种族的教育组织活动”并不是起源于“‘生活’本身”。“生活”的发生，根本不受种族的教育和高贵化的左右。海德格尔想用这一思想同生物学划清界限。他更像是要说，在人们的日常交往中，大家根本不关心什么“保持”“种族”的“纯粹性”。“保持”“种族”的“纯粹性”需要一种专门的“组织活动”（Einrichtung），或者需要这种“组织活动”的“源头”，也就是“制造伎俩”，以便把“生活”按这种方式组织起来。一方面，海德格尔在国家社会主义中找到了这种组织（Organisation），另一方面，他看到犹太人“很久以来早就已经按照种族原则‘生活’了”。这只可能意味着，犹太人是第一个把“制造伎俩”的“特质”——“种族的教育组织活动”——变为现实的。依据海德格尔的看法，是犹太人承担了“种族的教育组织活动”，也就是说在完成设立“制造伎俩”的“种族”组织的任务时，犹太人充当了先锋。①

42 这些说法的背景是纽伦堡种族法的通过。该法案于 1935 年 9 月 15 日在“国会大厦”全票一致通过。这是一项“保护德国血统和德

① 当然，人们可能还会问，是否会有一种“犹太种族主义”。克里斯蒂安·戈伊伦（Christian Geulen）在他的非常机敏的书《种族主义史》（*Geschichte des Rassismus*）中，把种族主义定义为：“一种行为，它或者对继承的，或者对新的种族从属性的界限，从理论上进行论证，或者在实践上加以实施。”正是在这个意义上，该书作者说，犹太人尽管知道，“自己的构成结构与陌生人的构成结构上的不对称”，但是并没有因此得出要“对陌生人的文化进行强占、殖民、或者压迫”（Christian Geulen: *Geschichte des Rasstsmus*. Verlag C. H. Beck: München 2007, II, 25）。那种“被动的对排他性的要求”，“经常是犹太人对抗占统治地位的文化，与之竞争”的结果。“被动的对排他性的要求”——一个作为“被选中”的民族——是否以及如何成为对一直存在于身边的、那种关于“属于还是不属于犹太人”的区别做出种族主义反应的诱因，这是一个社会心理学问题。

国尊严的法案”，也是一项“保护德国民族的遗传健康的法案（婚姻健康法）”。它从各个方面直接对犹太人、吉卜赛人、黑人，以及混血者（另外，也同样是对妇女，也就是说，包括德国妇女）的歧视。总体上，它的目的是推行种族隔离，以便使“德国的血统”可以保持纯粹，不被混杂。

当然，海德格尔不仅仅只谈论犹太人“很久以来早已经按照种族原则‘生活’了”，他还继续声称“因此，他们才全力以赴地激烈反对种族原则的不加限制的运用”。什么是“种族原则”的“不加限制的运用”？这种原则的自己的“运用”，与由此导致的对无节制性的抵制之间到底是什么关系？海德格尔这里指的是纽伦堡法案吗？

这些文字的写作时间是第二次世界大战即将爆发的时候。1938年的“十一月大迫害”①刚刚过去。11月10日，弗莱堡大学附近的犹太教会堂被焚毁。②海德格尔给学生开了关于尼采的讨论班，讨论第二个“不合时宜的观察”。11月9日还在给学生上练习课。③海 43

① 也译为“水晶之夜”。——译校者注

② 参见 Klaus-Dieter Alicke: *Lexikon der jüdischen Gemeinden im deutschen Sprachraum*. Bd. I. Gütersloher Verlagshaus: Gütersloh 2008, sp. 1306。“1938年11月10日清晨时刻，在云达环路（Werderring）的弗莱堡犹太教会堂被焚毁。纵火者强迫领导犹太教会堂教团的男人在旁观看焚烧。犹太教的墓地同时也遭到损毁。在犹太会堂焚毁期间，有大约140个犹太男人被捕，并于11月10日被运往达豪集中营（Dachau）。”接下来又写道：“在城里滞留下来的350个犹太人（1100多犹太人逃离）大多数于1940年11月底——与6500个其他人一起——被强行运往居尔（Gurs）。他们中的绝大多数人不是死于此处，就是被运往灭绝营被杀害。”1940年汉娜·阿伦特曾经身陷同一个集中营，但她得以于6月脱离那里。参见 Elisabeth Young-Bruehl: *Hannah Arendt. Leben, Werk und Zeit*. S. Fischer Verla: Frankfurt am Main, 255ff.。

③ 参见 Martin Heidegger: *Zur Auslegung von Nietzsches II. Unzeitgemässer Betrachrung*. GA 46. Hrsg. von Hans-Joachim Friedrich. Frankfurt am Main 2003, 259ff.。这个讨论班的记录写道：“这种越来越大的权力——它构成权力强大的本质——为所有的要求制定规则。这就是说，暴力和抢劫并不是合法性证明所要求的结果和实施方式，而是相反，抢劫是证明合法性的根据。我们对关于权力的‘逻辑’所知甚少，因为我们还在不停地插手于‘道德’的思索，因为在权力的关切中，权力的宣言本身还在用‘道德的’理由和目的进行工作的（参见比如英语的‘cant’）。”（同上，第215页及以下。）“Cant”是指源于英国的黑社会切口（黑话），可以用于指称不同的群体——包括宗教异端、犯罪集团等——的黑话。

德格尔所说的“种族原则”“不加限制的运用”是否就是指使用暴力迫害犹太人呢?

这样，犹太人曾经是第一个依据“种族原则”“生活”的这一思想，就显现为一个特殊的面貌。国家社会主义者们“不加限制地”应用的东西，就是早在国家社会主义之前，犹太人就已经实践了很久的东西。而且不仅如此。在纽伦堡法案的解释中说，它们服务于“保护德国的血统”。这种解释所针对的前提是：存在一种可以到处传播的疾病的危险，或者存在着战略行动上进攻者的威胁。于是，“种族原则”的“不加限制的应用”似乎仅是在一种冲突中的保护性的措施。

不过——这恰恰是问题的本质——[犹太人的]“种族思维”的发明，被置于存在史的语境当中：它被视为“制造伎俩”的结果。海德格尔把“算计计算的熟练灵活性”视为犹太人的，但它又是典型的近代的东西，于是，古老的犹太人被解释成了近代技术的附随
44 现象（Epiphänomen）①，因此海德格尔把“生活”加上了引号：“生活”作为绝对的原则是“权力意志”②的“结果”，也就是说，是最后的形而上学家尼采的遗产。在存在的历史里，在“制造伎俩”的历史中，海德格尔把“种族思维”登记到犹太人和国家社会主义者的名下。犹太人与国家社会主义者（海德格尔这里避免使用德意志[Deutsche]这个说法）之间的敌对关系，被看作存在史上的竞争。而把这种不可回避的竞争的标签，主要贴到犹太人的头上，这是特别成问题的。

① Epiphänomen 与 Epiphanie 是同根字，都是动词 ephiphäno 的名词化。后者是“主显”“耶稣降灵节”的意思，就是耶稣复活后显现给他的门徒和信众，这里有文字游戏的味道。——译校者注

② Wille zur Macht 本应译为“趋向于权力的意志”，但为行文的方便，还是采用传统译法“权力意志”。——译校者注

在这个地方，我们必须强调指出，海德格尔企图从中立的立场出发，去把握犹太人同国家社会主义者在“制造伎俩”上的冲突。有一次他指出，“如果人们对各种事物进行思考时，所使用的根本上（überhaupt）无非也是这种类型的方法的话”，也就是，“把一切都当作‘生活’的‘表达’”来看待的话，人们就用不着“对犹太人‘弗洛伊德’的精神分析进行过分愤怒的攻击”。① 海德格尔对“精神分析的基本学说的雅利安式变种” ② 进行过类似的批判。哲学家使用“犹太人的‘精神分析’”③ 这种说法，好像这种理论在原则上就是犹太的。对弗洛伊德精神分析的这种解读，自它诞生起就已有之，而在纳粹时期，曾经成了反犹太主义的套话。④ 海德格尔攻击的是他假定的那种国家社会主义的无能：无力超越精神分析在存在史上 45
的位置，即无力超越尼采的形而上学。突然间，犹太人和国家社会主义成了存在史上同样的东西。

“制造伎俩”用这种隐匿的竞争，暗中所要追求的，如海德格尔所说的，是“**完全彻底的去种族化**”。与这种“去种族化”共生的，是“各族民族的自身异化（Selbstentfremdung）——一种历史的缺失——也就是，去存在（zum Seyn）的决断区域的缺失”。我们上面强调，海德格尔拒绝的不是种族-思维本身，而仅仅是种族-思维的绝对化，那么，这里就是支持我们上述看法的最强有力的证据。因

① Martin Heidegger: *Überlegungen XIV*, 79f. In: Ders.: *Überlegungen XII–XV*. GA 96. A.a.O.

② Martin Heidegger: *Überlegungen VII*, 88. In: Ders.: *Überlegungen VII–XI*. GA 95. A.a.O.

③ Martin Heidegger: *Überlegungen IX*, 123. In: Ders.: *Überlegungen VII–XI*. GA 95. A.a.O.

④ 比如，出于“种族”上的理由，弗洛伊德才试图把非犹太人的荣格（Carl Gustav Jung）也拉到他的方面来。在给卡尔·亚伯拉罕（Karl Abraham）的一封信中，他这样写道：“这样他的加入就更有价值。我几乎要说，他的出场才使得精神分析摆脱了下述危险：［精神分析］变成了一个犹太民族的事情。”参见 Peter Gay: *Freud. Eine Biographie für unsere Zeit*. Büchergilde Gutenberg: Frankfurt am Main 1989, 234。

为，依据海德格尔的看法，如果种族是“被抛性”的一个环节，而被抛性又作为人生達在的有终性（Endlichkeit），原本是历史性的条件一样的东西，那么“完全去除诸民族的种族性”就是“历史的缺失”。当然这样并没有能说明，为什么遵循“种族原则”的两个敌人，对“各族民族的全面种族消除”各自做出了贡献。

海德格尔的第二种类型的反犹太主义可以被称为“种族的”或者“种族主义的”。海德格尔拒绝“种族思维”。尽管如此，他的出发点是，种族在“被抛性”中的一种特殊的意义，而这就意味着，种族对于历史性来说具有一种特殊意义。但这绝对不意味着，海德格尔认为，雅利安人有特殊的优势。然而他还是——这是一个令人痛苦的“然而还是”（dennoch）——认为犹太人和国家社会主义之间的斗争，是围绕着历史而进行的、由种族动机推动的斗争。

## 对引文三的说明

雅斯贝尔斯在他的《哲学自传》（*Philosophischen Autobiographie*）中有一段关于海德格尔的记述，他写道：“我说到犹太人问题，以及关于锡安长老会等的恶毒的胡扯。对此，他回答道，‘犹太人的危险
46 的国际联盟确实存在’。”①《锡安长老会纪要》②最早出现在制造“德

① Karl Jaspers: *Philosophische Autobiographie. Erweiterte Neuausgabe*. Piper-Verlag: München 1977, 101.

② *Die Protokolle der Weisen von Zion. Die Grundlage des modernen Antisemitismus–eine Fälschung. Text und Kommentar*. Hrsg. von Jeffrey S. Sammons. Wallstein Verlag: Göttingen 1998. 关于《锡安长老会纪要》还可参见 Léon Poliakov: *Geschichte des Antisemitismus. VII: Zwischen Assimilation und “Jüdischer Welrverschwörung”*. Athenäum Verlag: Frankfurt am Main 1988, 74ff.。以及 Wolfgang Benz: *Die Protokolle der Weisen von Zion. Die Legende von der jüdischen Welrverschwörung*. C. H. Beck: München 2011。

雷福斯事件”（Dreyfus-Affäre）[1]的圈子里，“德雷福斯事件”是19世纪90年代在巴黎上演的政治事件，发生的背景同当时的沙俄政治有着密切的关系。与《锡安长老会纪要》的出现有着密切关系的还有反犹的虚构小说的流行，锡安主义（Zionlismus，犹太复国主义）的影响的不断增长，尤其是于1860年建立的“以色列世界联盟”1897年以来进一步推动锡安主义世界组织的活动。它们在巴塞尔的成立活动成为虚构《锡安长老会纪要》的起源。《锡安长老会纪要》的决定性影响的传播是在第一次世界大战之后，在德国要直到1920年才出版。

从今天的眼光来看，《锡安长老会纪要》的影响可以用一个词来形容：令人惊叹。从根本上来说，它们不是造假，而是虚构的，因为造假应该有真正的原件存在。可这个虚构的文件成了现代反犹太主义的第一资料来源。以前，希特勒被说成是“锡安长老的学生”[2]，这种说法当时要表达的意思是：他受到《锡安长老会纪要》的启发，在其中找到了他寻求的思想，并进一步加工成了彻底的种族主义政治思想。阿尔弗雷德·罗森堡（Alfred Rosenberg）曾为《锡安长老会纪要》做过评注。汉娜·阿伦特注意到，《锡安长老会纪要》的异常普遍的“知名度……并不是由于对犹太人的仇恨，而是由于对犹太人的钦佩，希望从犹太人那里学习点儿什么”[3]。阿伦 47

① 德雷福斯事件（法语：Affaire Dreyfus），或称德雷福斯丑闻、德雷福斯冤案，是19世纪末（1894）发生在法国的一起震动朝野的政治事件。事件起于一名法国犹太裔军官阿尔弗雷德·德雷福斯很可能基于他的犹太出身被误判为叛国，因此在法国社会上引发严重的冲突和争议。此后经过重审以及政治环境的变化，事件终于1906年7月12日获得平反。（详细内容参见“维基百科 Dreyfus-Affäre 条”。）——译校者注

② Alexander Stein, *Adolf Hitler*. *“Schüler der Weisen von Zion”*. Verlagsanstalt “Graphia” : Karlsbad 1936.

③ Hannah Arendt: *Elemente und Ursprünge totaler Herrschaft. Antisemitismus, Imperialismus, Totalitarismus*. Piper Verlag: München. 6/1988, 757.

特十分清楚国家社会主义的手法："关于今日犹太人的世界统治的虚构故事，构成了未来德国世界统治之幻想的基础。"①《锡安长老会纪要》是上面讨论过的犹太人同国家社会主义之间的竞争的证据，而这显然正是海德格尔的出发点。

《锡安长老会纪要》中可以找到反犹太主义许多花样的类型，其中的头一个就是所谓秘密组织：它们在全球性决断的层次上编织网络。为此他们使用了可能找到的各种手段：政治的、金融的、文化的、共产主义、媒体；一切都被分化瓦解，到处煽动动乱，哲学也被派上了用场。在《锡安长老会纪要》的一个地方我们可以读到："不要以为，我们的宣言只是空洞的言辞。请你们瞧一瞧我们不断扩大中的，由达尔文、马克思和尼采的理论带来的成果。我们自己至少应该清楚，它们对非犹太的头脑起到的充满破坏力的影响。"②哲学家们——"世界犹太人"手中的玩偶而已。

除了这个特殊的说明之外，《锡安长老会纪要》中还有许多其他的表述，可能对海德格尔产生了影响。《锡安长老会纪要》中"通过战争和世界战争来压制非犹太人的反抗"这个题目之下，我们可以读到："只要非犹太国家敢于起来反抗，我们就必须有能力，在它的邻国立刻发起反对该国的战争。如果那些邻国想要联合起来干点儿什么，同它一起来反对我们的话，那么，我们就要发动世界战
48 争。"③这就是海德格尔所假定的那种竞争。国家社会主义敢于前去反对"世界犹太人"吗？犹太人能够进行有效的反击吗？

---

① Hannah Arendt: *Elemente und Ursprünge totaler Herrschaft. Antisemitismus, Imperialismus, Totalitarismus*. A.a.O., 795.

② *Die Protokolle der Weisen von Zion*. A.a.O., 37.

③ Ibid., 53.

希特勒懂得如何利用《锡安长老会纪要》里的内容进行政治宣传，而且他也确实利用了它们。我们可以在希特勒不同的讲话中找到证据。如1933年11月10日在柏林西门子城的一次讲演中，他谈到“民族之间的纠纷和相互之间的仇恨”，他说，“这是由一种极其特殊的利益关切”“培养起来的”。这是“一个很小的无根的国际帮派”，他们“煽动”“民族之间的相互争斗”。这里涉及的是一种人，“他们四海为家，但是又无处为家。他们今天生活在柏林，明天可以以同样的方式生活在布鲁塞尔，后天在巴黎，然后又到了布拉格，或者维也纳，或者伦敦”。他们“到处都能找到在家的感觉”。他们是唯一“适应国际主义因素的”人，“因为，他们能够到处从事他们的业务”。但是“真正的民族”是“根本不可能照着他们的样子去做的”，“真正的民族”“牢牢地束缚在他的土地上，牢牢地束缚在他的故乡，绑缚在他的国家、他的民族的生活的可能性之上”。① 另一个例子是1939年1月30日在“国会大厦”的讲话。他在那里“预言”：“假如国际的金融犹太人在欧洲之内和欧洲之外，又能成功地把各族民族再一次推入世界大战的话，那么其结果就不是地球的布尔什维主义化，并因此导致犹太人的胜利，而是犹太族在欧洲的彻底灭亡。” ② 这是《锡安长老会纪要》之反犹太主义的典型样式。

海德格尔注意到了希特勒的讲话。无论如何他提到，在“美国主义与布尔什维主义中”“英国” ③ 如何接替了“世界犹太文化”所扮

① 参见 Max Domarus, *Hitler. Reden und Proklamationen 1932–1945*. Bd. I. *Triumph*. Erster Halbband 1932–1934. A.a.O., 330。

② 参见 Max Domarus, *Hitler. Reden und Proklamationen 1932–1945*. Bd. II. *Untergang 1939–1940*. Erster Halbband. A.a.O., 1328。

③ 什么或者谁是“英国”？紧接着第三段引文，海德格尔写道：“为什么我们这么晚才认识到，实际上英国是没有西方品行的，且无力有此品行？因为我们从未来的角度才把握到，近代世

（转下页）

49 演的角色。但是他不想把这理解为“种族”现象，而是理解为“形而上学”现象。他认为，“此人类性质能够把毫无约束地将一切实存从存在中连根拔起（Entwurzelung），当作世界历史“使命”来担当”。海德格尔的确是假定了，“制造伎俩”激起并引导着国家社会主义同犹太人之间的竞争，那么，犹太人在这场斗争中代表什么，就十分清楚了。“制造伎俩”因此就可以去实施“各族民族去种族化活动”，因为，犹太人追求“根本无任何约束地摆脱‘出自存在的所有实存（alles Seienden aus dem Sein）’的那种弃根活动（Entwurzelung）”。

由于把犹太人定性描述为以无故乡的、世界主义的方式生活的
50 民族①，这种趋向就导致了一种敌意的出现，这种敌意又在跨民族的②层次上导向了无形的（ungreifbar，抓不到的）战争。所以海德

（接上页）
界的设置是英国开始的，而依据其本质，近代的根本走向就是，建立全地球范围的‘制造伎俩’的放纵。”海德格尔把英国理解为美国主义和布尔什维主义的源头，因为它追求“制造伎俩的放纵”。就这一点他写道：“我们经过努力在捷克和波兰所获得了好处，英国和法国也想从德国获得同样的好处；只不过法国想从被破坏的德国得到它的无历史性，而英国想在它的巨大的商机中得到其无历史性罢了。给未来的德国分配的是对另类的历史的期盼。因为，它的思维正处在走向沉思（Besinnung）的过渡中。”参见 Martin Heidegger: *Überlegungen XIII*, 95f. In: Ders.: *Überlegungen XII–XV*. GA 96. A.a.O.。不用对海德格尔关于英国的说法提供更详尽的细节说明，仅就他声称，英国在德国的摧毁中关注的“巨大的商机”这一点，在我们面前摆着的语境中，又是明显的反犹倾向。

① 这种特征规定流传如此之广，甚至连犹太人自己也对此加以肯定：“犹太人的悲剧就是在大城市生活的市民阶层的悲剧。犹太人就是大城市的人，世界上的犹太人有多一半生活在大城市……习惯于用自来水，觉得有水喝是再自然不过的事情了；从儿时起就是电灯、电话、汽车，这些人对于初级产品的生产已经没有感觉，对他们已经失去了意义。他们对父辈开掘的井泉，祖先们走过的艰辛之路，对很久以前神创造的光明，已经麻木不仁，失去了感情。这种命运当然是欧洲所有城市的命运。”参见 Joachim Prinz: “Wir Juden.” In: *Deutschtum und Judentum*. A.a.O., 95f.。一个基本事实是：1900 年前后，大多数的德国犹太人都生活在柏林，但是犹太人当时占柏林总人口的比例要低于欧洲其他大城市。关于此事，请参见 Massimo Ferrari Zumbini: *Die Wurzeln des Bösen. Gründerjahre des Antisemitismus: Von der Bismarckzeit zu Hitler.* Klostermann Verlag: Frankfurt am Main 2003, 42f.。

② International，这里所说的这个国际，实际上是跨民族的意思，而不是跨国家的。——译校者注

格尔有一次写道：

> 世界犹太人，受到从德国被放逐出去的（犹太）移民的煽动，变得到处不露痕迹（unfaßbar，无形），通过一切权力的扩张，不需要在任何地方染指战争行动。而与此相反，我们只剩下去牺牲自己民族的最优秀的人的最优质的鲜血。①

第一眼看去，这个句子没什么难于解读的。但是特殊的语境使得对它的解读变得困难。公正性是解读的一个不可或缺的前提。所以，下面我必须简短地介绍一下它的语境。

这整个“思索”的题目是“全球性大战的第三年之初”。在这个题目下海德格尔收集了十个命题（Aussagen），用以描述战争的现实状况。在这之前的说法是：“只要人们只是史志学地而不是历史地思考问题，并且不在历史的转变中把全球性主义也纳入其中——只将其顶多理解为‘史志学上’的事变的地理条件框架来使用而已；只要人们还只承认所谓‘事实’——它们总只是半拉子真理因此是迷误——的话，那就是想让下面的断言得到验证。”于是作为第九点就出现了上面引述的关于“世界犹太人”的言论。

对上文中的“只要”有两种解释的可能性：（1）作为限定；（2）作为让步。如果作为限定的话，那就是说，接下来的意思并不 51
是严肃认真的讲的，只是扼要提及此事，我，海德格尔，认为它完全是不合适的东西。如果作为让步，那接下来的意思就是，是专门写给那些全心专注于“史志学上的”“事实”的人们的。在这里这种

① Martin Heidegger: *Überlegungen XV*, 17. In: Ders.: *Überlegungen XII–XV*. GA 96. A.a.O.

视角也应该是合法的。

我个人认为海德格尔这里要说的是第二个意思。我承认，这个意思与《黑皮本》中的许多其他地方的可比较的表达相矛盾。海德格尔对于“史志学上的事件”普遍地持怀疑态度，但是这里显得他在对此进行思考，“史志学上的事件”还是有它特殊的意义。在这个表述“怪异的”文本的表面意义之下，人们可以识别出海德格尔的意图，据此意图，他在为国防军能否取得胜利而担忧。

在由“制造伎俩”引发的“世界犹太人”反对“我们”的斗争中，“世界犹太人”的优势在于，“到处不露痕迹”，可以从随便什么地方来引导左右天命。更有甚者，“世界犹太人”显然有能力——就像《锡安长老会纪要》中所声称的——调动军队，而不用自己参军打仗，流血牺牲则由“我”方付出。这种“权利扩张”的斗争的结果是什么，就很清楚了。特别难于评估的是海德格尔的下述说明：“世界犹太人”将“受到被从德国放逐出去的（hinausgelassenen）流亡者的煽动”——海德格尔心里想的犹太移民是托马斯·曼（Thomas Mann）吗？托马斯·曼从 1941 年 10 月开始在伦敦英国广播公司（BBC）播出向“德国听众”的谈话。还是说，他心里想的是包括犹太人在内的一般的流亡者？是的，海德格尔并没有具体提及任何人的名字，当然我们不应该去猜测，但是，其思想与我们提到的内容肯定相去不远。

“自己民族的最优秀的人的最优质的鲜血”的牺牲——毫无疑问，海德格尔的所指，包括了他自己的两个儿子的命运。从这个角度去看，当海德格尔放弃了他平时一直坚持的表面上看来的中立性
52 立场，他便把那种参与预设为前提。海德格尔在涉及战争和德国战士的牺牲时，一直坚持着党派立场——尽管在此他并未避免把他的

党派性也赋予存在史的色彩。①

“世界犹太人”尽管没有统治整个历史——这个历史尚无条件地被“制造伎俩”所统治——但是在被科技统治的各种力量之中，它显然是排名第一的力量。于是，“帝国主义战争的思维方式与人类性的和平主义的思维方式”，也就是说，不管是专制国家（德意志帝国、意大利和苏联）的“思维方式”，还是西方的民主制的“思维方式”，都是“‘形而上学’的衍生物”(Ausläufer，从中流出来的东西)，而作为这样的东西，它们似乎均被“世界犹太人”所瓦解。接着海德格尔继续说：

> 由此，“国际犹太文化”便可以对两者均加以利用：把其中的一个唤出来，并让其成为另一个的手段——这种制造伎俩的做“历史”——的手法，均匀地把所有的参与者都编织到它的网中。②

也就是说“世界犹太人”有力量，凭借“使用”它们的“思维方式”，让处于战争中的国家相互打斗。这里不清楚的是，海德格尔是否把“国际犹太文化”同前面说的“思维方式”在“这种制造伎俩的做‘历史’的手法”中，把握为统一的东西，还是说，把后者专门留给了“国际犹太文化”。但是无论如何，这个思想表明，海德格
尔在分析解读“世界犹太人”与“制造伎俩”之间的关系时，是在 53
何处怎样来回摇摆的。一方面，他赋予“世界犹太人”作为表演于国际舞台的科技代表的特殊的地位；另一方面，所有这一切又都属于同一个历史。无论谁“在这个斗争中声称获得了‘世界统治’”，

① Martin Heidegger: “Brief über den ‘Humanismus’.” A.a.O., 339. “因此，知道荷尔德林的年轻德国人，对死亡的思想和经历，与在公众媒体给出的对德国看法，完全不同。”尽管在某种程度上，这个说法是对的，然而，人们仍然可以问：他们所想的与所经历的，到底会是什么？

② Martin Heidegger: *Überlegungen XIII*, 77. In: Ders.: *Überlegungen XII–XV*. GA 96. A.a.O.

“对于把他们大都碾得粉碎的各种命运，自然不会漠不关心”。“所有的民族”都还处在“形而上学的层次上”，因而“被排除在其他东西之外”。[①] 犹太人只不过是形而上学的形态学的又一个形态而已。[②]

这样，在海德格尔看来，对于犹太人来说，这里战争的结果是什么，已经十分清楚。在关于“侪在的历史”的手稿中，有一段唯一在内容上涉及存在史上的“权力”之维度的段落。在那里，他谈到“最新时代的全球性的主犯”[③]。毫无疑问，他这里所指的是专制国家的第一批统治者。当然“这里需要问的是，对犹太性（Judenschaft）的独特的预先规定，全球性的主犯，这样的规定之根据，到底奠基于何处”[④]。人们首先想到的是，对这句话直接按如下方式加以理解：海德格尔想问的是，在这种“独特的预先规定”中，犹太人设置了什么东西，以至于必须为“全球性的主犯”做出牺牲。

固然不能完全排除，这个句子里所说的“对犹太性的独特的预先规定”，并没有意味着成为那些罪犯的牺牲品。[⑤] 这种解释也符合
54 海德格尔关于“世界犹太人”的那些说法。当然斯大林和希特勒都属于“全球性的主犯”。但是我们仍然不能排除，这个说法除了包括斯大林和希特勒之外，还包括“犹太性”在内。不论我们怎样去解

① 指没有参与海德格尔所预期的另外的开端的可能了。——译校者注

② 此处大意是说，当时对各民族都有形态学描述，瑞士人小气，英国人务实傲慢，美国人浅薄、好交际但难长久，等等。为世界权力而斗争，谁都在乎自己的命运。这都是一些说法。对犹太文化的说辞，只不过是其中之一，没什么大惊小怪的。——译校者注

③ Martin Heidegger: *Die Geschichte des Seyns*. GA 69. A.a.O., 78.

④ 在后来出版的书中找不到这个句子。在海德格尔的手稿里有这个句子，但是在海德格尔的弟弟弗里茨（Fritz）的誊抄稿中，这个句子不见了，显然是被他“删去”了。依据《海德格尔全集》为海德格尔本人“最后手定”这个含义，海德格尔遗著法定管理人当时决定，不发表这个句子。从《黑皮本》着眼，现在他改变了自己的看法。此外，从时间上来看，这句话完全属于我们这里讨论的反犹太主义的语境中的反犹例子。

⑤ 参见 Martin Heidegger: *Überlegungen XV*, 119. In: Ders.: *Überlegungen XII–XV*. GA 96. A.a.O.。在那里我们读到：“现在敢公开发表的关于布尔什维主义的死亡集中营（Mordkeller）的报告据说是令人发指的。”海德格尔羞于将此与德国人加以比较。对此他说，“世界犹太人”在布尔什维主义中起着关键性作用。

读这句话，“独特的预先规定”（着重号为我所加）这个表达，总是提供了证据证明这种思维对待犹太人的存在史上的特征。

与用于数落犹太人“算计计算的熟练灵活性”的说法的情况类似，这里的说法也是属于《锡安长老会纪要》思路的反犹太主义类型。以《锡安长老会纪要》为依据的反犹太主义，在海德格尔这里也难以界定。1942 年关于荷尔德林的颂歌《伊斯特河》（*Ister*）的大课，就可以表明这一点。这里，海德格尔看到了“美国主义”，即“非历史的东西”，对德国前所未有的威胁。这种威胁并不是来自外部，而是来自内部。哲学家不能理解，为什么德国人没有能力从由他预先思考到的“诗歌创作与哲学思考”之间关系中，辨认出他们“真正属于自己的东西（Eigenes）”，反而去参与什么全球性的“彻底动员”，甚至成了它的“急先锋”。难道在“美国主义”背后不正隐藏着那“处处无法把握”的“世界犹太主义”吗？

首先，所有海德格尔在哲学上企图挽救的东西，“本土性”“家乡”“本己的”“土地”“诸神”“诗作”，等等，它们的对立物，看起来都可以转嫁到“世界犹太人”身上。这样“世界犹太人”就获得了某种原型的地位。如果像犹太教经师约阿希姆·普林茨（Joachim Prinz）在上面引述的地方声称的那样，“欧洲大城市的命运本身”都体现为犹太人的“命运”的话，那么犹太人就有着对“现代”的 55
“嗅觉”①，他就是整个海德格尔式的思维的敌方对手。

① 参见 Joachim Prinz: “Wir Juden.” In: *Deutschtum und Judentum*. A.a.O., 95。普林茨的思想最终也是一种独特的解读。按照这种解读，在现当代，散居性也是人类的共同的“命运”。在这里我可以对此提出反驳：改变了世界的科技之形式根本与散居性无关，而通过全球化而逐渐变为现实的世界主义是史无前例的。格茨·阿利（Götz Aly）在研究《为何是德国人？为何是犹太人？在 1800—1933 年的平等、嫉妒与种族仇恨》（*Warum die Deutschen? Warum die Juden? Gleichheit, Neid und Rassenhass 1800–1933*. S. Fisher Verlag: Frankfurt am Main 2011）中的出发点，是基于保守主义的拖沓、滞缓（Behäbigen）、落后的、家园的，与进步、求知好学、摩登的区别。他认为，此区别对德国反犹太主义是非常重要的。

值得注意的是，把犹太人等同于一种跨民族的生活风格，并不意味着就是反犹。阿伦特自己都承认，“关于犹太人的世界阴谋论”的“根基，存在于散居于全球各处的犹太民族的事实上存在的、国际性的亲密关系和相互之间的依赖性”中[①]，也就是奠基于散居性（Diaspora）中。在这种生活方式中看到“失根”，并不是反犹。但是把这种生活方式置于德国的“本土性”对立面，当作其具体的敌人，这就已经是反犹了。海德格尔在雅斯贝尔斯面前谈到“犹太人的国际联盟”（我们没有理由认为雅斯贝尔斯听错了，或者他记错了），他心里想到的可能就是散居性。而把它说成“危险”，就暴露了他的反犹太主义的背景。

当海德格尔在“制造伎俩”问题上与“世界犹太人”发生冲突时，海德格尔似乎脱离了这种（对犹太人的）指责。制造伎俩充当了存在史意义上的运动，斗争在其中展开。通过这样一种解读，海
56 德格尔的反犹太主义就具有一种独特的属性。因为，在这个“斗争”中，在“世界犹太人”与国家社会主义之间的斗争中，海德格尔并没有去简单地欢呼后者的“胜利”。相反，在海德格尔看来，这个“斗争”只是围绕着一般的“无目的性”[②]而进行的。对他来说，与此相反，“真正的胜利”只在“无根基性自身被排除在外的地方”，因为这种“斗争”“不敢存在（das Seyn nicht wagt），而是总是用实存”进行算计，“并且把他的计算结果设为现实”。在这里的这个表述中，我们并不很清楚，离开犹太人，“制造伎俩”本身的特征是不是“无根基性”。对海德格尔来说，应该在哲学上去理解，为什么“西方的东西”不能作为历史来体验，向“到来者”开放自己，“而

① Hannah Arendt: *Elemente und Ursprünge totaler Herrschaft.* A.a.O., 750.
② Martin Heidegger: *Überlegungen VIII*, 9. In: Ders.: *Überlegungen VII–XI.* GA 95. A.a.O.

不是——无意识地——去模仿美国主义，夸大美国主义”。[1]“西方”堕入了“制造伎俩”之中不能自拔，显然是丢弃了在“思考与诗歌创作”中去奠基世界这一源于古希腊的任务。为什么？

这种存在史上的构造其困难最终浮出水面：作为“制造伎俩的后果”，在国家社会主义与犹太人的“斗争”中，一种值得怀疑的不对称性一直占着统治地位。尽管海德格尔在许多地方注意到，国家社会主义在毫无顾忌地推动国家的科技化，并在这个意义上对国家进行现代化。而这种科技的特点，这种“制造伎俩的东西”，是“无根基性”“无世界性”。然而，这些都是哲学家加给犹太人的东西。难道国家社会主义者原来是被“制造伎俩”诱拐了的，也就是，被犹太人诱拐了的德国人吗？从这个提问的角度出发，国家社会主义者成了犹太人“不露痕迹”的力量的玩偶。“国家社会主义是犹太人阴险恶毒的发明”这种思想不是十分接近《锡安长老 57
会纪要》吗？无论如何，海德格尔把“无根基性”的“自我排除”（Selbstausschluss），视为“真正的胜利”——它应该意味着“制造伎俩”和犹太人的崩溃毁灭。

于是，“制造伎俩”这个概念自身就陷入危机。当然，海德格尔强调，这个“词语”意味着“存在的某种本质”，“而不是一个特定的、被称之为‘人’的实存的品行和行为举止（die Verhaltung und das Gehaben）”；而且“这种‘制造伎俩’”“顶多被认作是存在史上一个悠远后果”[2]——但是，难道“世界犹太人”或者“美国主义”不是这类“存在的本质”的典型样本吗？“制造伎俩”这个概念可以含有一些意识形态因素，这些因素与加在“世界犹太人”头上的

① Martin Heidegger: *Überlegungen XV*, 10. In: Ders.: *Überlegungen XII–XV*. GA 96. A.a.O.

② Martin Heidegger: *Die Geschichte des Seyns*. GA 69. A.a.O., 47.

意识形态相去不远——当然不是全归于这些因素。①“制造伎俩”追求犹太人同国家社会主义者的战争冲突，而这个冲突仅仅围着“无目的性”来回转。这个思想并不能抹杀下述事实：在这一点上，《锡安长老会纪要》的反犹太主义对海德格尔的思想产生了影响。当海德格尔写道，“在美国主义中，虚无主义”达到了“它的顶峰”的时候，这时这个冲突的任何可能的解决办法，都无法阻止这种虚无主义了。②

58 这里存在史上的反犹太主义的问题就呈现出来了。存在史上的叙事的某些因素，是否从一开始就包含了一种特定的角色？比如，“美国主义”除了“是制造伎俩的‘无品性’（Unwesen）的设施”之外，就不可能是别的什么了吗？并且因此“所有的令人毛骨悚然的东西（Grauenhafte）都在美国主义里”吗？③同样，由于“美国主义”不认识“开端”，由于它是追求“巨大的商机”英国的后代④，于是，存在史本身就不是反犹的吗？

① “制造伎俩”与“世界犹太人”完全是一回事儿的这种断言，会被完全无视，比如关于恩斯特·荣格尔（Ernst Jünger）对“全民动员”或者“工人的形象”的理解的整个讨论。更重要的是，在考虑海德格尔对科技的思考的形成过程时，人们会不可避免地同时思考反犹太主义的宿怨（Ressentiment）。

② 参见 Dan Diner: *Feindbild Amerika, Über die Beständigkeit eines Ressentiments*. Propyläen Verlag: München 2002, 33。在那里我们可以读到：“从某种角度看，反美主义甚至可以被理解为从反犹太主义发展出来的仇犹情绪的世界化的一个新阶段。”在《思索（十三）》的有个地方，海德格尔谈到“英美世界的、被道德掩饰起来的商业性的计算性（Rechenhaftigkeit）”（Martin Heidegger: *Überlegungen XIII*, 50. In: Ders.: *Überlegungen XII–XV*. GA 96. A.a.O.）。在我们现在讨论的语境中，也许可以而且应该把这个说法理解为，是存在史上的反犹太主义的表达。

③ Martin Heidegger: *Metaphysik und Nihilismus*. 1. Die Überwindung der Metaphysik. 2. Das Wesen des Nihilismus. GA 67. Hrsg. von Hans-Joachim Fnedrich. Frankfurt am Main 1999, 150.

④ 参见 Max Domarus, *Hitler. Reden und Proklamationen 1932–1945*. Bd. I, *Triumph*. Erster Halbband 1932–1934. A.a.O., 48。

# 存在史上的“种族”概念



海德格尔对“种族”的看法是相互矛盾的。在1933年之前的哲学文本当中显然没有出现过这个概念。也就是说，1933年之前，我们这位哲学家隐瞒了他在政治上对国家社会主义者（纳粹分子）的同情态度。考察海德格尔的各种发表物和讲课稿，也很难找到他在哲学意义上对“种族”问题表示过任何兴趣。

一般来说，“种族”概念原本不出自生物学。这个概念“首先涉及的是指通过人类饲养和驯化而新创的动物种类”①。当然，当柏拉图在《理想国》里把对犬、禽、马的驯养比附到人身上时，他关心的与其说是新创物种，不如说是优生学意义上的物种优化（459b）。柏拉图在19世纪的最伟大的学生尼采，当他在《朝霞》中谈到，“希腊人”“给予了我们纯粹化了的种族和文化的榜样”时，应该也是受到了柏拉图这一思想观念的影响。② 然而，尼采与种族概念的关系也不甚明了，他把“希腊人”视为“纯欧洲种族”的“榜样”，就证明了这一点。③

① Christian Geulen: *Geschichte des Rassismus.* A.a.O., 13.

② Friedrich Nietzsche: *Morgenröthe*. KSA 3, A.a.O., 214.

③ 参见 Gerd Schank: *“Rasse” und “Züchrung” bei Nietzsche.* De Gruyter Verlag: Berlin u. New York 2000。尼采当时并未怀疑“种族”的现实存在。比如，关于种族融合的问题上他的观点动

（转下页）

60 海德格尔是在尼采那里碰到了成问题的“种族”合法性（Status）问题。他在恩斯特·荣格尔的《工人》（*Arbeiter*）一书中也可以看到，使用“种族”这一概念可能会引起的麻烦。荣格提出“工人种族”①，亦即“动员整个世界”的“新种族”。② 但是他马上补充说，“涉及就业情况内部的问题，用生物学意义上的种族概念去谈论种族，是毫无用处的”③。所以十分清楚，这个概念是从同时代人的话语中挤入到荣格尔的文本中的。荣格尔想用同时代话语讲话，又不想落入其中。荣格尔承认“种族”概念的现实意义（Aktualität）。

荣格尔采取的策略肯定也是海德格尔所采取的策略：他准备接受主导话语，同时又与之划清界限。这正是 1933 年前后海德格尔经常采取的思想之路。在 1934 年夏季的关于“作为追问语言之本质的逻辑学”（Logik als die Frage nach dem Wesen der Sprache）
61 的讲课中，海德格尔开始谈论“种族”。他认为，“种族”这个概

---

（接上页）
摇不定；一方面在他看来，应该强调“种族”的纯粹性；另一方面，他又主张“混合的种族”“是伟大文化的源泉”（Friedrich Nietzsche: *Nachgelassene Fragmente 1885–1889*. KSA 12. A.a.O., 45.）。也许种族概念的确不是从生物学的中心议题的讨论中发端的。尽管如此，我们还是应该注意到，达尔文在用到“种族”这个概念时，完全把它作为“人所共知”“不言而喻”的概念加以使用的。《物种起源》（*Über die Entstehung der Arten*）1859 年版的英文全名为：“On the Origins of Species by Means of Natural Selection, or the Preservarion of Favoured Races in the Struggle of Life”。对瓦格纳（Wagner）产生了影响的有戈宾诺（Gobineau）的《人种不平等论》（*Essai sur l'intégalité des races humaines*）的两卷集，出版于 1853—1855 之间。“种族”概念中包含的困难至今还困扰着人们；这个困难使我们想到了“美国人口调查”中使用“种族”概念时，此概念意义。美国的社会结构表明，彻底放弃“种族”概念几乎是不可能的，这恰恰是因为，存在着一种所谓的正常的种族主义。在一定的情况下，某个特定社会群体的优势地位，恰恰是建立在种族主义的基础上的，因此，断言“根本不存在种族主义”是成问题的。[Joseph Arthur Comte de Gobineau（1816—1882），中文翻译为约瑟夫·阿图尔·德·戈宾诺，法国外交官、作家、人种学者和社会思想家；他所倡种族决定论，对后来西方种族主义理论及其实践曾产生巨大影响。——译校者注]

① Ernst Jünger: *Der Arbeiter. Herrschaft und Gestalt*. In: *Sämtliche Werke*. Bd. 8. Ernst Klett: Stuttgart 1981, 288.

② Ibid., 309.

③ Ibid., 156.

念所表示的不仅是作为血缘意义上的继承，继承性血缘关系和生命欲望的种族性内容（Rassisches），而且还经常同时意味纯种优良（das Rassige）。“第一层意义上的种族性（Rassisch）”“还远不需要是纯种优良的（rassig）”。它完全可能“是品种低劣不纯的”（unrassig）[①]。海德格尔处理种族-概念的态度与荣格尔十分相近：通过解释，这个概念几经改变后被纳入自己的语言中。但是二者之间有一个决定性的差别。

海德格尔并不质疑“种族”概念的生物学意义。“种族”“不仅仅是按血缘划分的种族性的东西”。[②] 这种“按血缘划分”的特点并没有受到质疑。在同一个讲课稿中，我们的哲学家还谈到“血统的声音”（Stimme）及其与“人的基本情绪”（Grundstimmung）的关系。[③] 这样“血缘”就进入了前台。这还表现在讨论黑格尔法哲学的讨论班上涉及的一系列概念之中：“操心”必须被理解为“真理（自然—土地—血统—家乡—山水—诸神—死亡）”。[④] 这一连串的概念并非随便放在一起的。

海德格尔在处理“血统与土地”的意识形态观念[⑤]时所采用的方法，与他处理“种族”概念时使用的方法一样，即承认它的积极

① Martin Heidegger: *Logik als die Frage nach dem Wesen der Sprache*. GA 38. Hrsg. von Günter Seubold. Frankfurt am Main 1998, 65.

② Ibid.（着重号是海德格尔讲课中原有的。）

③ Ibid., 153.

④ Martin Heidegger: *Seminare Hegel–Schelling*. GA 86. Hrsg. von Peter Trawny. Frankfurt am Main 2011, 162.

⑤ 扎博罗夫斯基（Zaborowski）强调指出：晚期海德格尔对“国家与民族”的理解中，“从外在表现看，尽管并不经常，但十分清楚地偶或采取了某种可以被称之为种族主义的立场”（参见 Holger Zaborowski: *“Eine Frage von Irre und Schuld?”* A.a.O., 420）。如果“种族主义的”指的是海德格尔通过对德意志的“民族实体”的“种族主义的”奠基，从中得出德意志针对其他民族的优势的话，那么，在我看来，我们的哲学家应该被从这种种族主义的谴责中解放出来。与此相反，一种存在史上的“种族主义”建立的根据是，在对存在史上的主角们的形势描述中，海德格尔不想放弃“种族”概念，因为他认为，“种族”的原本的意义只有在存在史上的特定时期才会出现。具体介绍见后文。

意义，以便进一步对其加以限制。（当然，是以一种模糊不清的方式，因为，什么是“纯种优良的”①？）“对于民族的达在来说”“血
62 统与土地”“尽管是强大的和必要的，但却不是充分的条件”。②就像“种族”一样，“血统”也是“必要的”，但不是“充分的条件”。在我们上面提到过的《思考（三）》中的表达如下：“某个条件”被“升级为绝对条件”。

至此一切似乎都很清楚。但是下述问题并没有解决：从对于“历史性的达在”来说是必要条件的“种族”身上，海德格尔到底想要看到什么？海德格尔给出的暗示只局限于“被抛性”和“血统”上。在《黑皮本》的前几册中对此有进一步的表述：他谈及（本地人）的“‘种族’上的权力”③。但是这个“权力”没有得以施展（entfaltet，展开）。人们培植的只是“短视的天真无知”（Ahnungslose）。这种展开（Entfaltung）的终止涉及的是“被抛性”问题：得以施展的东西已经在“被抛性”里了，却没有得到实施。用《存在与时间》的语言来概括说的话，就是，在“被抛性”那里缺少了“抛投筹划”（Entwurf）。

海德格尔的一个表述中把“抛投筹划”同意识形态口号“血统与土地”联系在一起，正好与上述思想相适应。“把存在抛投筹划为时间”克服了“在存在与思想活动”中“迄今为止的一切”。这里关切的不是一种“理念”，而是一种“委托”，不是一种“解开”，而是一种
63 “结合”（Bindung）。这种“抛投筹划”“并不把自己化解为纯精神”，而

① Rassigen（良种、纯种、生机勃勃、清秀的）这个概念今天只能用于妇女和跑车了。

② Martin Heidegger: *Sein und Wahrheit.* GA 36/37. Hrsg. von Hartmut Tietjen. Franfurt am Main 2001, 263.

③ Martin Heidegger: *Überlegungen und Winke III*, 96. In: Ders.: *Überlegungen II–VI.* GA 94. A.a.O.

是刚好把“血统和土地”开放和结合到“准备操作的状态，以及影响与**工作的能力**中”。[①] 按此理解，“血统和土地”作为某种“被抛性”，只有在“抛投筹划”中才产生作用。“血统与土地”之“被抛性”似乎就是“种族”，它作为一种“必要条件”在“抛投筹划”中才获得它的“委托”与“结合”——从属于“肉体生命意义上的民族实体”[②]，这种从属性只有在“抛投筹划”中才获得其本来的意义。

我们的哲学家就是这样来规定他不断重复谈论的、作为人类特征的“本土性”的：人“源于土地，养于土地，站于土地之上”。这就是“那原初的——那经常在我周身和情绪中激荡的——当我穿过将要成熟的庄稼，走在孤独的田间路上，穿过风与雾，阳光与白雪，它们在循环往复和激荡中，持守着母亲及其祖先的血统……”[③] 在“母亲及其祖先的血统”的意义上，“种族”是对一个“民族实体”的从属性。在这个意义上，种族是“根源”。

还有一个必须提出来的问题，那就是，海德格尔对种族概念的合法使用作出让步，让步很快转为对它的使用进行限制。这是否是在使用
一种修辞形式，使得海德格尔在同国家社会主义者们的周旋过程中，仍 64
然有可能奉行了他自己的可能的对政治制度的批评理念？毫无疑问的是，不仅不能排除他想避嫌，也就是当我们的哲学家在1933年过后在学术活动中——尤其作为弗莱堡大学校长——为了朝自己的方向引导国家社会主义者而接近他们时，他想避嫌，而且非常大的可能是，

① Martin Heidegger: *Überlegungen und Winke III*, 26f. In: Ders.: *Überlegungen II–VI*. GA 94. A.a.O. 稍后：“那抛投筹划之定调的和创造形象的力量，是决定性的……”（同上，第41页）此外，比如在“操心”（Sorge）概念上也可以看出，在1933年，海德格尔是如何尝试对《存在与时间》的基础存在论进行政治化的，也就是说，如何把政治存在论化的，也就是从事“元政治学”（Metapolitik）的。

② Martin Heidegger: *Logik als die Frage nach dem Wesen der Sprache*. GA 38. A.a.O., 65.

③ Martin Heidegger: *Winke x Überlegungen (II) und Anweisungen*, 45. In: Ders.: *Überlegungen II–VI*. GA 94. A.a.O.

在哲学上，他从没有，或者极少赞同现实中存在的国家社会主义的主张。他长期以来将他的《黑皮本》和关于存在史的文章著作向公众保密，应该不是毫无理由的。当然，这个问题根本不是此处我们关心的内容。我们这里所关注的是，海德格尔提出他的存在史上的反犹太主义——它包含着一种存在史上的“种族”概念——可能与他对现实的国家社会主义的批判性的保留态度有着直接关系。

海德格尔任大学校长期间越来越清楚地看到：所谓的德意志民族的软弱无力是无力带动它的“民族实体”进入“被抛性”，进入“抛投筹划”中的。现在“很多人在‘谈论’种族和本土性，然而他们的每一句话和每一项行为举止”都证明了，“他们对所谈论的一切不仅一无所‘有’，从根本上遑论什么纯种的和本土性的”。①就像在 1933 年“革命”中宣布的意识形态运动在其他领域的具体发展一样，大学校长也很快开始在涉及种族问题的时候带上了批判的腔调。在他眼里，“革命”已经跟不上它的可能性的脚步了。“民族和本土性”开始成为话题，对“民族”的从属性受到强调，当然还没有彻
65 底得到贯彻。“种族”的“抛投筹划”特征，也就是德意志人，即“**大地之人民**”②对“西方世界的责任”③，尚没有被认识到。

① Martin Heidegger: *Überlegungen III und Winke III*, 102. In: Ders.: *Überlegungen II–VI.* GA 94. A.a.O.

② Martin Heidegger: *Seminare Kant–Leibniz–Schiller. Teil 1: Sommersemester 1931 bis Wintersemester 1935/36.* GA 84. 1. Hrsg. von Günther Neumann. Frankfurt am Main 2013, 338. “大地”在这里——在这有歧义的使用中——肯定指的是“世界与大地之争”中的“大地”，而不是指这颗行星。

③ Martin Heidegger: *Das Rektorat 1933/34. Tatsachen und Gedanken (1945).* In：*Reden und andere Zeugnisse eines Lebensweges*. GA 16. Hrsg. von Hermann Heidegger. Frankfurt am Main 2000, 378. 在理解“西方的责任”这个概念的时候应该注意，这是一个海德格尔于“二战”之后才使用的概念。在《黑皮本》中它也是在 1945 年之后在《笺注（二）》才出现的。决定使用“西方国家”（Abend-Land）和“西方的”（Abendländischen）的说法，是同叙事由古希腊的第一个开端到德意志的第二个开端的推移相适应的。在思索第一个开端到第二个开端的时候，海德格尔对“西方的责任”的理解与欧洲历史的记录中的理解有什么不同吗？当然对海德格尔来说，“欧洲”（Europa，欧罗巴）不是“西方国家”。在这儿我们无法对此详谈。

在对错过的“革命”机会感到失望后，接踵而来的是真正的哲学意义上的反应。“所有的‘血统’和所有的‘种族’，每个‘民族文化’(Volkstum)”据称都是“徒劳的，都是一种盲目的过程，如果它不是已经”陶醉于“存在的勇猛之中”，“而且作为勇猛者”，当闪电将要“击碎浑浑噩噩”，“给存在的真理腾出地方，以便让存在在这个空间被置入实存的运作中时”，让自己面对“闪电”①。海德格尔的眼光在不断转换，他越来越清楚地认识到，“种族”的“被抛性”已经落到“勇猛”之后，以适应“存在之真理”。

海德格尔在20世纪30年代晚期就“种族”这一概念所走的道路，在后来他同国家社会主义的关系的各个方面，都几乎一成不变 66
地得到遵循。他越是看到自己关于“第一次开端”与“另一次开端”的叙事与“国家革命”没有任何关系，他就越清楚地认识到现实中的国家社会主义从来就没兴趣沿荷尔德林诗的方向前进。因此，他在哲学上同“种族思维”拉开的距离也就越来越远。

“所有的种族思维”都是“近代的产物”，都运动在“把人把握为主体的思想轨道之上”。在“种族思维”中，“近代的主体主义是通过把肉体性包括到主体之内，并且全面地把主体把握为大众(Menschenmasse)中的人性(Menschentum)②，而得到完善的”。与此同时，“制造伎俩本身”也获得了“无限的授权”(Ermächtigung)③，人一旦通过肉体—灵魂—精神—人类学把自己制造成存在的基础，就出现一种“存在的野蛮性”(brutalitas)，人又用这种野蛮性把自己做成“残酷的事实”并用种族奠定他的兽性④，

① Martin Heidegger: *Überlegungen X*, 103. In: Ders.: *Überlegungen VII–XI*. GA 95. A.a.O.
② Menschentum，人的本质。——译校者注
③ Martin Heidegger: *Überlegungen XII*, 69f. In: Ders.: *Überlegungen XII–XV*. GA 96. A.a.O.
④ Martin Heidegger: *Überlegungen XI*, 57f. In: Ders.: *Überlegungen VII–XI*. GA 95. A.a.O.

这样人类的“兽性也就通过种族理论得到了‘论证’”。海德格尔在公开场合，比如在他的尼采讲课中，向公众讲授过的这类思想，构成了他对“种族思维”的存在史上的批判的核心。尽管如此，如果因此认为可在其中认出对“种族”概念的全面的拒斥，那就大错特错了。

当海德格尔后来与现实中存在的国家社会主义运动离得越来越远的时候，情况也是如此。海德格尔有一次这样说：“人们最好不要陷入一种基本的假象，仿佛认识到显而易见的‘民族’在生物学意义上的培养条件，就认识到了本质的东西——事实上，让这种本质上粗鄙、庸常的生物学思维方式占主导地位，恰恰阻碍了对于民族
67 存在之基本条件的思考。”去“认识甚或创造这些条件”必须“与一切对实用性的算计无涉”，“无论是对个人还是公共的实用性”。[1]如此看来，海德格尔显然是通过放弃“对‘民族’在生物学培养条件的认知”，要求诸如废除纽伦堡种族法。确定什么是“民族”，这是通过技术上的组织无法办到的。在这段时间，我们的哲学家把“民族”的产生完全非生物学地归结到了“達-在”问题。[2]

在这个地方看来我们应该指出，不要忘记海德格尔关于犹太人“计算算计的天赋”的评论。他所要求的“从所有的为利用而进行的计算中获得解放”，难道不会唤醒下述的印象：海德格尔想把德国人从同犹太人“种族原则”的关系里的模仿角色中解放出来吗？当然不能把海德格尔的每次对“从事计算的思想”的批判，都回溯到他反犹的挖苦指责：即犹太人是种族政治的先驱。但是，我们在这里也不能把上面谈到的海德格尔思想中存在史上的—反犹太主义的混合物完全置于视而不见。

---

① Martin Heidegger: *Überlegungen V*, 36f. In: Ders.: *Überlegungen II–VI*. GA 94. A.a.O.

② 参见 Peter Trawny: *Adyton. Heideggers esoterische Philosophte*. A.a.O., 78ff.。

我们必须仔细思考，对“种族”的在存在史意义上的解读，如何与叙事话语联系在一起的。这种对“种族思维”的批判的一个视角是由对过去的批判的重复构成的：这个批判针对以前就警告过的错误，即把“种族”绝对化是一个谬误。现在看来，它是蕴于“近代主体主义”的倾向中的一个特征，这种倾向就是把“主体”连同其特殊的人类学和组织绝对化。但是这绝不意味着，严肃地对待和 68
处理作为历史现象的种族问题的工作，海德格尔一定会对其敬而远之。正好相反，“制作伎俩”的“无条件性”不可避免地包含了“种族思维”的绝对性，正是依据这种绝对性，即通过它的存在史上的意义，“种族”才真的变得重要起来。

这样“世界犹太人”不得不被描述为“制作伎俩”的主要代表之一。这是从制作伎俩的“无条件性”中得出来的结果。由于犹太人“从很久以来就是依据种族原则”生活的，他们在“近代主体主义”掌控范围中享有特权地位，而“近代主体主义”本就是附着于“制作伎俩”的“无条件性”之中的。在这里我们可以看到，海德格尔的关于犹太人的表达并不一定与攻击性的厌恶联系在一起。如果联系到《锡安长老会纪要》的话，人们可以假定，在他眼中，存在史上的形态测绘学不可避免地会诉及犹太人的“权力扩张”。

如果在存在史上把“种族思维”融合到“近代主体主义”的做法，并没有使得种族这个概念成为多余，那么，这就已经表明，在海德格尔看来，“民族的去种族化”就是一种“自身异化”。他坚持认为，“种族”是“民族实体”的“必要条件”，尽管不是绝对条件。这与他后来的一个思想相符，即到 20 世纪 30 年代末，当海德格尔越来越强调“俄罗斯人”在存在史上的意义的时候，他有一次提出了一个问题，“为什么对种族的净化和保护不能决定做出一种巨大的

混合，其得出的结果是与斯拉夫文化的混合”——“俄罗斯并没有什
69 么东西与布尔什维主义有根源性的联系”①。俄罗斯人的问题与德国人的问题大同小异。像德国人一样，俄罗斯人也被“制作伎俩”的“无条件性”钳制住了。在德国人这里是国家社会主义，在俄罗斯人那里是布尔什维主义。“全球性的主犯”之第三个主角就是“世界犹太人”。

存在史上的反犹太主义即是：海德格尔认为，“按照种族原则”生活的犹太人，在“制作伎俩”的“无条件性”中，这种“存在的野蛮性”，建立了以这种“种族原则”为基础的自身阐释，这种阐释使犹太人得以以“毫无约束地”推行“实存的弃根活动”为己任，以达到他们“权力扩张”的意义和目的。他肯定是把“世界犹太人”看成了一个民族，或者一个民族的群体，它以最高度的全神贯注，去努力追求达到的唯一目的，就是瓦解所有的其他民族，也就是说，犹太人是一个有意识地从事“对其他各种民族进行去种族化”的“种族”。

① Martin Heidegger: *Überlegungen XI*, 67. In: Ders.: *Überlegungen VII–XI*. GA 95. A.a.O.［意思是把布尔什维主义（犹太人）剔除出去。——译校者注］

# 陌生与陌生



在海德格尔 20 世纪 30 年代末的思考中，最令人费解的思想之一就是下述看法：“制作伎俩”“通过把各类民族紧紧地装配在所有实存的同样构架、同样风格的设施中，以求达到对这些民族的**彻底的去种族化**”，以此导致作为“历史的损失”的“各民族的自身异化”。上面我们已经谈到，海德格尔是如何思考种族和民族之间的关系这一问题。而“去种族化”与“各民族的自身异化”之间的联系，十分容易让人去推想，在种族和一个民族的本质之间——无论是什么形式的——总是存在着某种关联，之所以说，无论是什么形式的，是因为海德格尔从来没弄清这种关联的形式。

本己的东西总是有别于陌生者。这就产生了一个问题：海德格尔是如何思考陌生者的？令人瞩目的是，从 20 世纪 30 年代初开始，贯穿整个 30 年代，“陌生”这个词的语义群（“陌生性”[ Fremdheit ]、“倍感陌生性”[ Befremdlichkeit ]、“陌生感”[ Befremdung ]、“最令人陌生的”[ das Befremdlichste ]、“仅－感陌生者”[ das Nur-befremdliche ]，等等）占了很大的空间。海德格尔努力试图把关于陌生者的哲学同一种“革命”的特殊编排联系在一起。在习惯的东西崩溃的瞬间，一切就都不同，成为陌生的了。

这样，海德格尔哲学上的打算所瞄准的是一种十分独特的规划，“在保持存在的本质不变的情况下，驱赶人去穿越存在的本质处的整
72 个陌生性和倍感陌生性”①，而“存在的本质”就是陌生的。这种陌生性显然造就了人的某种拒斥性的态度，它使得“驱赶”成为必要的。驱赶这件事的发生将不会从“存在的本质”那里取走任何东西，它的“本质性”将继续保留。“革命”必须彻底。

现在存在的形态测绘学成为了唯一的陌生者的地貌（Landschaft）。“在进入被陌生化之初步阶段（Anlauf in das Befremdende）”，关于“究竟为什么是实存而不是無？”的问题——这个问题对海德格尔来说是真正的形而上学问题——就成了那个達（Da）②之陌生者！③那个“達-在”成了陌生的地方（Ortschaft）。哲学的任务就是去开启这个地方。哲学为此要“返回到作为不可理解者和被陌生化者的隐匿者之中去”④。

在这种“地貌”中，要有特定的思想者去扮演那陌生者。“赫拉克利特—康德—荷尔德林—尼采”就是“彻底的陌生者”，他们必须被置回到“他们那伟大的极为独特的本己性（Eigenstes）之中去”，以便“我们”不会用“我们的不彻底性”把他们“拉平”了。⑤这些思想者是些——用苏格拉底式的表达来说——无位置的（Atoptsch）、失去方位（Ortlosen）的思想者。他们是“建立起侪

---

① Martin Heidegger: *Winke x Überlegungen (II) und Anweisungen*, 55. In: Ders.: *Überlegungen II–VI*. GA 94. A.a.O.

② Da，那里，彼处，也就是海德格尔用来描述刻画人生的“達在”之“達”（Da）。“Da”是人生所是，是其世界，是其历史，是其陶醉、忘情于其中的、由物理实存承担着的那个意义世界。——译校者注

③ Martin Heidegger: *Überlegungen IV*, 38. In: Ders.: *Überlegungen II–VI*. GA 94. A.a.O.

④ Ibid., 52.

⑤ Martin Heidegger: *Überlegungen und Winke III*, 96. In: Ders.: *Überlegungen II–VI*. GA 94. A.a.O.

在，并且思考着俘在的真理”的人，是“实存中的陌生者，每个人都觉得他们陌生”。①

这里关涉的是“另类真理的到来”，一种“大量的仅–感陌生者的突然袭击”。②这种“另类真理”在习惯中，也就是说，在习常的对真理的把握理解中，找不到它的位置。“大量的仅–感陌生者的突 73
然袭击”是哲学上对“革命”的强化理解。在这种“革命”中，仅被海德格尔看作终结的构型（Gestalten）应该一无所剩。

“仅–感陌生者”在哲学上只有通过实存与存在的区分才能得到澄清，也就是说，通过存在与实存的分裂来完成的，这个分裂在20世纪30年代初还被称之作“存在论差异”。存在本身是与实存完全不同的东西。它是如此之不同，以至于必须把它作为“非–实存”来加以思考。这个抽身躲避的存在本身是隐匿的，只能被经验为在隐蔽性意义上的“俘在的真理”，经验为在某些特定的情绪和基础情绪中的抽身躲避。由于它不包含为人所知和人们习惯的内容，由于其不可比较性——因为其是彻底唯一的——所以，可以将其标示为“仅–感陌生者”。

海德格尔这里的这个思想可以继续演绎下去。人们可以继续就陌生者的非形态测绘学（Atopographie）③进行追问，在其中，陌生者和它的位置或者无位置性可以从关于陌生与信任的无聊的辩证法中解放出来。从这种陌生学（Xenologie）中也许可以发展出一种作为哲学的陌生者的关于陌生者的哲学——作为对陌生者的思考，它

① Martin Heidegger: *Überlegungen IV*, 102. In: Ders.: *Überlegungen II–VI*. GA 94. A.a.O.

② Martin Heidegger: *Überlegungen VI*, 46. In: Ders.: *Überlegungen II–VI*. GA 94. A.a.O.

③ 参见 Bernhard Waldenfels: *Topographie des Fremden. Studien zur Phänomenologie des Fremden I*. Suhrkamp Verlag: Frankfurt am Main 1997, 184ff.。

并非不被陌生者触及。海德格尔对陌生者的思考表明了，他把“革命”的后果想得多么偏激。这样一来，他就多么极端地解构了所有政治的形式——包括柏拉图式的。“革命”当时对于他来说是一种存在史上的全面颠覆。被颠覆的不仅是习惯了的生活世界，而且还包括哲学、科学、艺术以及宗教。显然，国家社会主义者们当然会把这类思想当作一种幻想者的偏激的观念。海德格尔知道，为什么他
74 的这类想法只能保存于《黑皮本》中，为什么对此他只能——就像他自己说的——“缄默”①。

从普罗提诺的新柏拉图主义以来，自伪-狄奥尼修斯神秘主义神学以来，或者埃克哈特大师的某些布道词以来，就有了对哲学的这类提问。这样看来，海德格尔还是属于某种思想传统的：这种思想传统承认哲学真理的陌生性，并保护它不受各种轻易地简化的干扰。总而言之，我们可以说，在海德格尔风格上的“革命”激情背后——此风格正好适应了当时代的口味——有着引人注目的哲学问题。

真正成为问题的是在别的地方。值得注意的是，海德格尔显然不仅在存在本身处看到陌生者现象，而且还认识到实存的陌生性。否则就不能理解，他凭什么能在联系到整天对“农民”“进行宣传”的“收音机”时，谈论“城里的陌生者”“愈来愈多，几乎把村庄都淹没了”。② 在这里，陌生性包含了另一个意思。也就是说，陌生性被体验为某种危害着预设前提的源泉的东西。“科技同弃根活动”构成了一个统一体，在此统一体中，科技上的器物摧毁了原初性的生

① Martin Heidegger: *Überlegungen IV*, 24. In: Ders.: *Überlegungen II–VI*. GA 94. A.a.O. “缄默的发生影响的实施和作为开放的立场态度，以及与发生本质影响的伫在同实存的置换。但是这要求本质上放弃，从缄默到谈论，由作为沉默的语言的本质到言说——然后就是守口如瓶。”

② Martin Heidegger: *Überlegungen V*, 79. In: Ders.: *Überlegungen II–VI*. GA 94. A.a.O.

活习惯。①

当海德格尔把陌生者与存在史上的两极性联系起来——比如德意志与希腊，哲学的“第一次开端”和“另一次开端”——的时候，他对陌生者的处理就更加成问题了。这里他断言，“德意志人有老爱瞄着陌生者的先天缺陷”。这个缺陷必须被“克服”，必须发展出“本己的品味”。“一味地模仿别人”，“什么都放‘政治’上”，是完全错误的。每个民族都会失去“其最本己的东西”，而且这个最本己的“越唯独是它自己的、不可比拟的，它失去得就越容易”。② 75

这种“先天缺陷——跟着-别人-后边-跑且把陌生者加以神化，就因为它是陌生的”③——必须加以拒斥。“德意志人蹒跚于本质陌生性之中，这种本质陌生性原本就是近代”强加于“德意志人的”，而其中的“危险是，德意志人陷入到它自己的‘非本质’之绝对统治之中”④。“非本质”一方面是服务于“制作伎俩”的国家社会主义，另一方面它是那“先天缺陷”本身。

从中生发出一个听起来很戏剧性的问题：“德意志人到底掉进了 76

① 在海德格尔那里对城乡关系的处理经常受到人们的批评。最近的为齐默尔曼（Hans Dieter Zimmermann: *Martin und Fritz Heidegger. Philosophie und Fastnacht.* C. H. Beck Verlag: München 2/2005, 60ff.）。然而我并不能完全肯定，是否把海德格尔的对“黑森林小木屋”的偏爱只解释成出于某种“风格化”的需要。否定在不同的风景环境中的居住的现实状态（Faktizität）具有任何意义，是不符合实情的。

② Martin Heidegger：*Überlegungen VII*, 12. In：Ders.: *Überlegungen VII–XI.* GA 95. A.a.O.“德国人好效法‘陌生者’”这一思想，并不是海德格尔的原创。比如可以在早期尼采中找到这一看法。在《大卫·施特劳斯：自白者和作家》（“David Strauss der Bekenner und Schriftsteller”）一文中我们可以读到：“即使我们真的不再摹仿他们，我们也没有因此而战胜他们，而是仅仅从他们中解放了自己：唯有当我们强迫他们接受一种原创的德意志文化的时候，才可以谈论德意志文化的一种凯旋。在这期间我们注意到，我们在形式的一切事务上都一如既往地依赖于巴黎——而且必须依赖，因为迄今为止尚不存在任何德意志原创的文化。”引自 *Unzeitgemäße Betrachtungen.* KSA I, 164f.，当然海德格尔坚决拒绝“文化”这个概念。［中译文引自李秋零译：《不合时宜的沉思》，华东师范大学出版社，2007 年，第 37 页。——译校者注］

③ Martin Heidegger: *Überlegungen VII*, 14. In: Ders.: *Überlegungen VII–XI.* GA 95. A.a.O.

④ Martin Heidegger: *Überlegungen IX*, 1. In: Ders.: *Überlegungen VII–XI.* GA 95. A.a.O.

哪里头？”他们依然是荷尔德林和尼采眼中的德国人。因此，才有了越来越令人心灰意冷的质疑：“也许”那“德意志人的本质”“依旧是，且越来越无知的是，对‘陌生者’加以神化、加以模仿”。“也许”这种对“本质”的拒绝是通过他们实行的更彻底的美国主义，通过更加孜孜不倦地加以实施的“浪漫主义”而出现的。这样，就不是“‘民族’”为存在准备了其真理的场所。①

换言之，“解放”对于海德格尔而言，是“奠基到尚未被发掘的本质中”，这种奠基“从对本源的本土性的切近中”接受“命令”。而“解放的表面现象”则是“被从这里引开，引到无根的陌生者那里，该陌生者根本没有任何”能力“授权”。② 作为“自身异化”的“各民族的去种族化”就是这样的把自身交付给“无根的陌生者”。而民族为这种“自身异化”所付出的代价就是一种表面的自由。

据以上所述，在海德格尔那里，有两类陌生者。为了使得二者的区别在哲学上具有说服力，必须把存在论上的陌生者同实存上的陌生者区别开。一种是存在自身作为陌生者自身，另一种是陌生的实存者，后者也可以作为人种意义上的陌生者出现。当然我们不能对这种区别的说服力估计过高；因为，作为存在自身的陌生者，海德格尔令它以两种不同方式，分属德意志人和希腊人名下。

首先，正是这个“源泉”给“本土性”提供了保障，尽管，或者说正因为，按照海德格尔的说法，它就是“大量的仅-感陌生者的突然袭击”。然而“源泉”只有希腊人和德意志人有资格承当，只
77 要他们能对“第一次开端”和“另一次开端”做出决断，而这一点对于第二种方式的存在陌生性又是至关重要的。因为，对于德意志

① Martin Heidegger: *Überlegungen X*, 101f. In: Ders.: *Überlegungen VII–XI*. GA 95. A.a.O.

② Martin Heidegger: *Überlegungen XIII*, 64. In: Ders.: *Überlegungen VII–XI*. GA 96. A.a.O.

人来说，有一个杰出的陌生的国度，也就是希腊人的陌生国度。对这种陌生者，海德格尔在他的荷尔德林大课中对此陌生国度进行了解释。① 此陌生者属于希腊人与德意志人相遇的叙事，在这个相遇中，双方都在对各自的他者的、对各自的陌生者的渗透中，“学习到了那本己的东西”。对陌生者以叙事的形式固定下来，陌生者就得到“开端”的标记，并被转移到本己的东西中。

但问题是，与实存完全不同的存在本身应该如何赢得一个标记，而且该标记又是恰恰允许德意志人（和希腊人）为它“准备一个场所”呢？当然人们可以宣称，对存在本身的思考本来就源于希腊人。但是没有任何理由去设想，存在本身有必要去保护这个起源，因为，没有任何证明，甚至在语言上也没法证明，“扎根”可以存在于两个民族的历史格局中。

尽管如此，也决不能否认，哲学以及与哲学一起的关于存在的思考是有历史的。同时也不能否认，由温克尔曼（Winckelmann）和他的著作开始的德意志人对“希腊文化”的接受，构成一种欧洲的特殊性。歌德和瓦格纳的文化政治规划（海德格尔很长时间内对这两个名字持拒斥态度）离开这个接受就是根本不可理解的。因此单是海德格尔关于德意志人和希腊人的关系在存在史上意义的叙事， 78
就使其跻身于伟大思想家、诗人和作曲家的行列。但是这并不能改变下述事实：关于存在本身的思想禁止为存在加上历史或史志学方

① Martin Heidegger: *Hölderlins Hymne “Der Ister”*. GA 53. A.a.O., 67. “当然，那返乡徘徊穿过的陌生之事，并非随便什么陌生之事，即并非在单纯不确定‘非-本己之事’意义上的陌生之事。那牵扯着归乡的，也就是与归乡合一的（einige）陌生之事，是归乡的（Herkunft）来历，是本己之事和故乡之事的曾经开端之事。德意志的历史性的人性的这种陌生之事，对荷尔德林而言就是希腊传统。”再啰唆一句：根据海德格尔的看法，“对荷尔德林有效的东西，就对德意志有效”。

面的限定①，并把它保留给某种特殊的叙事。②

因为确实如此，存在本身因为它本有的否定性（Negativität）是“仅-感陌生的”。在存在本身中不存在任何东西，会像某一实存的东西一样，让我们感到熟悉。因此，这种“仅-感陌生的东西”的接收者既不可能仅仅是德意志人或法兰西人，也不可能仅仅是俄国人或中国人。从可能性的角度看，其接收者可以是任何一种人。而那“无根的陌生者”呢？海德格尔经常将其确定为“美国主义”，少数情况下指为“罗曼主义”③，根据《黑皮本》中的某些表述，即使“法国人”也不太能符合“根源”。至于海德格尔真的是粗暴保守地把“美国主义”中的美国的东西，等同于就其核心来讲是欧洲的虚无主义大众文化的原则，还是他在“美国主义”中看到了“世界犹太人”的延续及其本真的形式，都无关紧要——无论前者还是后者，都是“无根的陌生者”的代表。

毫无疑问，要理解所谓的乐于跟在陌生者后面跑的“德意志人的先天缺陷”，首先，这个陌生者就要有一个具体形象。对于一个
79 “农民”而言，那个向他推荐“收音机”的就是“城里人”[的具体形象]。对德意志人而言，陌生者的形象可以有许多种：比如陌生者形象之一可以是“世界犹太人”，抑或是“更为彻底实施的‘美国主义’”。而因为如上所说，“世界犹太人”是“处处都是捕捉不到的”，

① 指禁止加上限定，比如它只能是希腊的或德国的。——译校者注

② 因此，关于海德格尔的语言沙文主义的讨论，从一开始就是无意义的。参见 Victor Farías: *Heidegger und der Nationalsozialismus*. S. Fischer Verlag: Frankfurt am Main 1989, 386f.。关于存在的思考并没有与特定的语言绑定在一起。在句子“这是一张桌子”中的“是”，到底意味着什么，这个问题可以在任何一种语言中提出来（“是”作为存在、作为本质、作为真理，等等），即便语言没有动名词“是”这样的语词。另外一个问题就是语言的可翻译性问题。对此海德格尔特别感兴趣，并且有特殊的看法，这一点是众所周知的。此外，认为“语言不可以一对一地翻译”这种观点，跟沙文主义没有关系。

③ 指罗曼民族国家的，与日耳曼相对。——译校者注

它看起来就更像“无根的陌生者”。海德格尔从来没有想到过，也许恰恰在对这种陌生者的经验中——就它也可以被标示为“陌生者”而言——可以保护那“本己的内容”。

而对于海德格尔而言，下述事实变得越来越清楚：“先天缺陷”要求相应的结果。德意志人不想成为“诗人和思想家的民族”。他尚未准备用“另一次开端”来对应“第一次开端”。在这个思想中，海德格尔越追越深，且看到德意志人也无力对抗全球化的技术。无根的陌生者已经控制了德意志人，它其实早就无所不在。现在所有的东西都被“彻底动员起来”（荣格尔），或者一切都被归于“制作伎俩”。留下的问题仍然是：什么样的生活方式最能适应该陌生者。1945 年以后，“无家可归”变成了“世界的命运”。[1] 技术的凯旋难道不正是“世界犹太人”的最终胜利吗？

“二战”之后，有一次海德格尔提到，“陌生的本质”可以调整改变，甚至毁坏扭曲“那还属于我们的我们自己的本质”。[2] 带着自己本身的这种矛盾心理，他继续问道：“陌生本质对德意志人的诱惑性”是“从哪里”来的，“政治上的无能”是“从哪里”来的，“哪来的这种狂妄，哪来的这种追求错误的东西和无节制的东西上的彻底性”，“哪来的伴随着它们的无规矩性和所有的无品性”？然而，这矛盾心理并不在这些问题之中，而是在下述看法中：的确有一种“陌生的本质”，它诱拐了“德意志人”。那“陌生的本质”是一种可 80
以具身化在实际的陌生者中的存在史上的伟大（Größe）的东西。而对海德格尔而言，这些陌生者经常直接就是犹太人。

---

① Martin Heidegger: “Brief über den ‘Humanisus’.” A.a.O., 339.

② Martin Heidegger: *Anmerkungen I*, 70. In: Ders.: *Anmerkungen I–V*. GA 97. A.a.O.

# 海德格尔与胡塞尔

哲学潮流的自身理解总是和它诞生的历史联系在一起的。哲学家的不同世代，以共同的源泉为基础构成着他们之间的谈话。这个源泉绝不需要太和谐一致，只要人们在一定的张力域中相互发生偏转的观点看法，能够在那个源泉那里统一起来就够了。在 20 世纪，特别是在德国和法国，并由此出发几乎在整个欧洲，甚至在全世界，得到全面发展的“现象学”，从它的一对奠基之父——胡塞尔和海德格尔那里获得过，并且继续获得它的自身理解。①

这种自身理解具有一种固定的连接点。胡塞尔于 1916 年来到弗莱堡，已经通过教职论文的海德格尔成为了他的助手。“从 1919 年开始，自己一边教书和学习”，一边在“胡塞尔身旁练习着现象学的观看”②，这是他于 1963 年写下的看法。海德格尔特别看重《逻辑研究》的第六研究，并且把胡塞尔奉为“大师”。

海德格尔于 1926 年把《存在与时间》“献给埃德蒙德·胡塞尔

① 参见最新的文献，*Heidegger und Husserl. Neue Perspektiven.* Hrsg. von Günter Figal und Hans-Helmuth Gander. Klostermann Verlag: Frankfurt am Main 2/2013。尽管他们之间有各种差异，人们还是把他们看成是一起的。

② Martin Heidegger: “Mein Weg in die Phänomenologie.” In: *Zur Sache des Denkens*. GA 14. Hrsg. von Friedrich-Wilhelm von Herrmann. Frankfurt am Main 2007, 98.

以示敬意和友谊”——这本书至今仍然是指导着哲学思考方向的 82
著作，哈贝马斯把此书说成是“黑格尔以来在德国哲学中切入最深者”①。尽管十分清楚，海德格尔的后期思想从根本上讲已经与胡塞尔没有什么关系，但是他的“主要代表作”的献词一直都是同胡塞尔关系的证明。这发生在那个时代，当时谁也不会想到，德国历史也会痛苦地给现象学的创建史打上烙印。

当然，在这期间人们已经知道得很清楚，胡塞尔拒绝了这部著作。说胡塞尔被这部书给激怒了，都一点也不过分。②他一定看到，他寄予厚望来继续发展他的先验现象学的学生海德格尔走上了自己的、在胡塞尔看来是完全错误的道路。在一封给罗曼·英伽登（Roman Ingarden）的信中，他这样写道，他正在考虑“写一篇反对海德格尔的文章”。1934 年，当他谈到海德格尔的思想的时候说，“适应时代要求的关于非理性主义的存在论”③。

海德格尔把《存在与时间》题献给胡塞尔，当然不是一件小 83
事。人们可以假定，海德格尔心里以为，尽管有各种分歧，而且分歧不仅限于具体的细节问题，但是他的老师还是可以承认他的这部著作的重要意义的。从心理学上观察，海德格尔一定感到十分沮丧，

---

① Jürgen Habermas: “Heidegger–Werk und Weltanschauung.” In: Victor Farías: *Heidegger und der Nationalsozialismus*. S. Fischer: Frankfurt am Main 1989, 13.

② 参见胡塞尔在海德格尔《存在与时间》和《康德与形而上学疑难》(*Kant und das Problem der Metaphysik*）两本书上的眉批。由罗兰·布鲁尔（Roland Breeur）编辑整理，参见 *Husserl Studies II (1–2)*. 1994, 3–63。但是说胡塞尔根本不知道，海德格尔早已经在走自己的路，那显然是不对的。相反，《大英百科全书》(*Enzyclopaedia Britannica*）现象学词条写作的合作过程已经表明胡塞尔知道此事。海德格尔自己还提及托特瑙山谈话记录（*Todtnauberg Gespräch*），那是在《存在与时间》写作期间，在那时胡塞尔和海德格尔之间的分歧就应该清楚了。参见 Edmund Husserl: *Phänomenologische Psychologie. Vorlesungen SS 1925*. Hua IX. Hrsg. von Walter Biemel. Nijhoff: Haag 1973, 274。

③ Edmund Husserl: *Briefwechsel. Bd. III. Die Göttinger Schule*. Hrsg. von Karl Schuhmann. Kluwer Academic Publisher: Dordrecht et al.1994, 15. 给埃米尔·博丹（Émile Baudin）的信。着重号是作者加的。

尽管他自己从来没有承认过这一点。他的老师不肯学习。拒绝学习的那个老师，是个什么样的老师呢？难道不是不断学习的人才能教书吗？

1928 年海德格尔成了胡塞尔在弗莱堡大学的继承人。老师还为此为学生提供了支持。胡塞尔在这之后才阅读了《存在与时间》。假如胡塞尔在该书出版之后马上就读了，德国学术史的相关部分今天看上去可能会完全不同。海德格尔接受了胡塞尔的哲学教席之后，继续称这二位是现象学的“一对奠基之父”就有困难了。

在 1966 年的所谓“《明镜周刊》谈话”（Spiegel-Gespräch）中，海德格尔完全准确地谈道，那是“在具体内容上的分歧”①，“在 30 年代初”，这些分歧“日趋尖锐”。胡塞尔“对舍勒和我进行了公开的清算”，这简直“再清楚不过了”。在柏林大学，胡塞尔“在 1600 名听众面前做公开讲话”。关于这种“体育场的氛围”确有报道。这条消息的来源大家都清楚。②在 1945 年以后谈论柏林体育场，使人联想到戈培尔曾于 1943 年 2 月在那里宣布过“总体战”，这种暗示不无意义。这一点海德格尔很清楚。当时胡塞尔公开煽动反对他了吗？

84 当时胡塞尔受康德协会邀请在法兰克福、柏林（1931 年 6 月 10 日）和哈勒（Halle）做了三场报告。报告全文保留下来，标题是“现象学与人类学”③。胡塞尔在那里所讲的内容，他早在一年前

① Martin Heidegger: *Spiegel-Gespräch*. In: Der.: *Reden und andere Zeugnisse eines Lebensweges*. GA 16. Hrsg. von Hermann Heidegger. Frankfurt am Main 2000, 660.

② 参见 Karl Schuhmann: “Zu Heidegger Spiegel-Gespräch über Husserl.” In: *Zeitschrift für philosophische Forschung*. 32/4. 1978, 519–612。

③ Edmund Husserl: “Phänomenologische und Anthropologie.” In: *Aufästze und Vorträge (1922–1937)*. Hua XXVII. Hrsg. von Thomas Nenon und Hans Reiner Sepp. Kluwer Academic Publishers: Dordrecht et al. 1989, 164–181.

就在他的《大观念（一）》的后记①详细地讲述过。首先值得注意的是，海德格尔的名字并没有出现。胡塞尔讲的是“德国哲学的现状。借此谈到哲学中的生活哲学为其统治地位而进行的角斗，哲学上的新人类学，以及关于‘生存’的哲学”②。这里说的“生存哲学”在当时的主角之一就是海德格尔。当时很清楚，这里指的是谁。

这里的讨论基本上是非常节制且适度的，但是还是有个别的表达有些粗鲁。胡塞尔是在针对攻击他是“唯理智主义”或者“理性主义”③的谴责而为自己辩护。这确实是那些思潮的诸代表人物或书面或口头对他的严肃批评。他自称，他当然也可以对“来自这些方面的微词”“的合理性不予承认”。④但事实相反，胡塞尔针锋相对，带有攻击性地强调“人们陷在人类学之中不能自拔，不管这种人类学是经验主义的还是先验主义的”。

的确胡塞尔是在公开场合对海德格尔进行了批评（以前在私人通信中已经这样做了）。尽管如此，我们不能声称，这种批评已经超出了哲学争论的层面。当然，慈父般⑤的老师拒绝认可他的成果， 85
已让海德格尔深感失望。而此时胡塞尔甚至公开与他反目。然而不管怎么说，“《明镜周刊》谈话”中海德格尔对发生的事情的描述是不尽符合事实的。

---

① Edmund Husserl: “Nachwort zu den Ideen I.” In: *Ideen zu einer reinen Phänomenologische und phänomenologischen Philosophie. Drittes Buch. Die Phänomenologische und die Fundamente der Wissenschaften*. Hua V. Hrsg. von Marly Biemel. Martinus Nijhoff: Haag 1952.

② Ibid., 139.

③ Ibid.

④ Ibid., 140.

⑤ 海德格尔在 1927 年 10 月给胡塞尔的一封信里写道：“亲爱的父亲般的朋友！为迅速流逝的弗莱堡的时日，我衷心感谢您和您尊敬的夫人。我真的有一种我被当做您的儿子一样的感觉。” Martin Heidegger: *Zur Sache des Denkens*. GA 14, 130.

《黑皮本》中写于20世纪40年代末的“评论五”中，海德格尔早已事先把“《明镜周刊》谈话”中为自己提出的辩护演习过一遍了。他提到，人们可以把上面提到的胡塞尔讲演看作是一种“公示”。① 并且，胡塞尔给海德格尔的思想打上了“非哲学”的烙印，为此海德格尔引为证据的是《大观念（一）》的后记。他说，但他自己“没有理会”胡塞尔。② 在任校长期间也“也没有——哪怕一丁点儿——反对过胡塞尔”，说他“把胡塞尔赶出了大学，并禁止他使用图书馆”是造谣，而且“他的著作也从来没有按照对犹太作者的规定，从系图书馆的架子上撤下来”。③

他再一次强调，“当时没有理会”胡塞尔，纯粹是出于“令人十分痛苦的不得已”。那些说什么“令人作呕的背叛”之类的话的人，根本不了解，“自己只为报复”而讲话，而且也不知道“之前发生了什么”，也就是“把我自己的思想之理路说成是一堆垃圾；当人们没有其他办法可以阻止我的道路时，就转求于宣传鼓动”。第一点是对的，第二点则不然。④

86 海德格尔认为，《存在与时间》仍然是“最可靠的证据”⑤，证明“我是在哪方面感谢胡塞尔的——我向他学习，受他的道路的影响的证据就是，我没有停留于做他的追随者，我也从来不是他的追

① Martin Heidegger: *Anmerkungen V*, 52. In: Ders.: *Anmerkungen I–V*. GA 97. A.a.O.

② Ibid., 53.

③ 以上为转述海氏的话。——译校者注

④ 当海德格尔预感到对他的反犹太主义谴责时，他用政治上成问题的言辞用于他的对手身上，这些词汇只是一些修辞上的形象吗？“体育场氛围”“示威”“宣传”——所有的说法被用于胡塞尔的身上。在这背后也许隐藏着一种策略：把悲惨的过去按到犹太人身上？这使我想起，20世纪50年代保罗·策兰在47社（Gruppe 47）朗诵之后，有人（也许是汉斯·韦尔纳·里希特［Hans Werner Richter］）认为，他朗诵的“腔调酷似戈培尔”，策兰感到受到无可名状的侮辱。引自 Milo Dor: *Auf dem falschen Dampfer. Fragmente einer Autobiographie*. Zsolnay Verlag: Wien 1988, 214。

⑤ Ibid., 54.

随者”。而恰恰是这一点“触犯了家规，这远在国家社会主义和排犹以前”①。这就十分清楚，对于海德格尔而言，决定性的断裂在于胡塞尔没有能力去欣赏他的学生走上独立发展之路。这个断裂早在“纳粹”和“排犹”之前就已经发生了……

关于哲学上师生关系中产生的难题的讨论，我们先告一段落。海德格尔和胡塞尔的关系中潜在的问题，显然远远超出了师生关系问题。20 世纪 20 年代末开始出现的很多力量，摧毁了两人之间的关系，它们既非出自哲学上的竞争，也不是心理上的动机可以解释的。也就是说，海德格尔越来越清楚地表现出他的反犹太人倾向。但是不能把他与胡塞尔的关系仅仅归于来自反犹太的个人仇恨，而把哲学上的争论排除在外。②相反这里应该涉及的问题是：海德格尔拒绝胡塞尔的 87
现象学是否受到他的存在史上的反犹太主义的直接影响。

在写于 1939 年（胡塞尔死于一年前）的《思索（十二）》中，海德格尔谈到“犹太文化”的“空洞的理性和计算算计能力”③。他称，与这种精神上的烙印相应，“未来的决断和问题越是原初、越是开端”，它们对于“这个‘种族’”就“越不可及”。“这样”胡塞尔的思想从来没有达到过“本质性决断的区域”。海德格尔认为自己的“攻击”并没有“仅限于”针对胡塞尔，并且是“非本质性的”。“攻

① Milo Dor: *Auf dem falschen Dampfer. Fragmente einer Autobiographie.* A.a.O., 54.

② 参见围绕 1933 年 4 月 29 日埃尔福丽德·海德格尔给马尔维娜·胡塞尔（Malvine Husserl）的信进行的讨论。信中埃尔福丽德——可以婉转的说——十分不敏感地谈论 1933 年 3 月和 4 月的“思想一体化法案”的后果。参见 Holger Zaborowski: *“Eine Frage von Irre und Schuld?”* A.a.O., 390f.。然而十分荒谬的是，在弗莱堡庆祝 550 周年的纪念手册居然报道，马尔维娜（1860—1950），胡塞尔的夫人，在“1940 年巴登地区驱除所有犹太人的前一天”，选择了“自裁”（Freitod），并把海德格尔的生日错写为“1891 年”。参见 *550 Jahre Albert-Ludwigs-Universität Freiburg, Bd. I: Bilder, Episoden, Glanzlichter*. Hrsg. von Dieter Speck. Karl Alber verlag: Freiburg 2007, 171。

③ Martin Heidegger: *Überlegungen XII*, 67. In: Ders.: *Überlegungen XII–XV*. GA 96. A.a.O.

击”“针对存在问题的贻误，也就是，反对一般形而上学的本质”。

胡塞尔的思想站在“本质性决断之外”，因为其思想还停留于抽象的东西和计算的活动，也就是犹太人“这个‘种族’”的精神类型中。但是这种说法本身就是一种抽象的论断，海德格尔仍需用批评胡塞尔在存在史上的决断上的无力来具体论证它。人们会问，他是否在别的地方进行过［任何］具体的批判。同时要注意，“犹太种族”精神类型在存在史上产生着影响的“计算算计性”，是这一批评的预设假定。而这一预设假定恰恰很可能从一开始就使得该批判变得无意义。

在我们提及的（写于20世纪40年代末）的《思索（五）》中，海德格尔发动了一次对胡塞尔的哲学批判。在那里他问道，“谁在思
88 想里把‘回到事情本身’宣布为原则，是否就保证了他是事情方面的行家了？”[1]这个问题被给予了否定的回答，因为那人“在思想之事方面尚且可能错得离谱，而且在犯这类错误的时候可能会违背自己的原则，甚至牺牲了事情的原则，亦无能为力”，“‘由它自己从本身这里显示’”——海德格尔的现象学切入点——“不仅是按照事情本身进行描述工作的这个原则的另外一种表达”。他认为，在这里已经表明了“思想向作为存在本身的本质关联的 Ἀλήθεια[2] 的转向”。海德格尔的结论是“胡塞尔对这一切不仅一无所知，而且对其进行抵制”。

当然，这个评论所处的上下文，不是谈论犹太文化的。人们可以把这个批评理解为纯粹哲学的评判。然而这里谈论胡塞尔的无能和无意愿按存在史的思维方式思想，我们不可能无视早先海德格尔有关犹太文化的“空洞的理性和计算算计能力”的评论。早期的评论会渗透到后期的解释中。

① Martin Heidegger: *Anmerkungen V*, 17. In: Der.: *Anmerkungen I–V*. GA 97. A.a.O.

② 希腊文，真理。——译校者注

况且这一批判的真正的取向尚不清楚。尽管海德格尔在《存在与时间》中已经在谈论 ἀλήθεια[①]，但是谈的绝不是 Αλήθεια。难道胡塞尔通过阅读《存在与时间》就有可能想到，“对 Αλήθεια 的经验来自对存在的遗忘的经验”？毫无疑问是不可能的。海德格尔的批判并不在哲学上。海德格尔的批判语义没那么清楚。胡塞尔的思想尚处于“对真理的经验”之外。它陷于形而上学不能自拔，没有通路达到存在史上“思想向作为存在自身本质的 Αλήθεια 的转变”。胡塞尔没有理解那“未来的决断”，因为他自己面对存在史封闭了自己。

弗莱堡大学有一份《清查委员会 1945 年 12 月 11 日和 13 日会 89
议讨论结果的报告》。[②] 报告涉及战争结束后海德格尔停职问题，其中有一段谈及了他的“针对犹太人的态度”。对于“海德格尔与其师胡塞尔反目成仇”中胡塞尔的“犹太出身”是否起了一定作用的问题，根据已众所周知的海德格尔的说明，被予以了驳回。那“只是哲学上的意见分歧而已”，“1930 年和 1931 年”胡塞尔本人业已将之公之于众。报告接下来写道：“据奥伊肯先生所知，胡塞尔认为，海德格尔是出于反犹太主义与其反目的。对此，奥伊肯并未就细节做进一步说明，因这些说明或许并不符合胡塞尔的本意。”[③]

---

① Martin Heidegger: *Sein und Zeit*. GA 2. A.a.O., 290f.［αλήθεια, 希腊文，真理，《存在与时间》中海德格尔解释为“去蔽”。——译校者注］

② 参见 *Martin Heidegger und das “Dritte Rech”. Ein Kompendium*. Hrsg. von Bernd Martin. Wissensachftliche Buchgesellschaft: Darmastadt 1989, 196。

③ 瓦尔特·奥伊肯（Walter Eucken）是胡塞尔的朋友鲁道夫·奥伊肯（Rudolf Eucken）的儿子。瓦尔特·奥伊肯是国民经济学中所谓“弗莱堡学派”的奠基人。这个经济学方向自 1950 年以来被称之为“有序自由主义”（Ordoliberalismus），也就是说，它是一种受到限制受调解的自由主义。历史学家贝恩德（Bernd Martin）称奥伊肯为“推行的国家社会主义高校政治的大学校长海德格尔真正意义上的对立派和挑战者”（同上，第 26 页）。所以，在战后奥伊肯毫无保留的态度——特别是奥伊肯把海德格尔高校政治视之为反犹太主义的态度——就根本不值得奇怪了。Wendula Gräfin von Klinckowstroem: “Walter Eucken：Eine biographische Skizze.” In: *Walter Eucken und sein Werk. Rückblick auf den Vordenker der sozialen Marktwirtschaft*. Hrsg. von Lüder Gerken. Mohr Siebeck: Tübingen 2000, 73ff. 当海德格尔由于他的哲学上的大学计划越来越孤立的时候，海德格尔还推行“国家社会主义的高校政治”，这看起来完全是一个矛盾。

当然了——胡塞尔已去世七年。1945年的时候，“胡塞尔的本意”也许并不那么重要了。尽管如此，人们仍可以追问，胡塞尔在私下里是否把海德格尔对他的哲学批判视为由反犹太主义的动机所致。

90 胡塞尔并没有对奥伊肯，而是对他早期的学生狄特里希·曼克（Dietrich Mahnke）在1933年5月的一封信里谈到海德格尔的反犹太主义。在信中胡塞尔描述了1933年以后他普遍的失望，尤其是对他以前的学生的失望。他以嘲讽的口吻谈到“所谓哲学上的精神友谊的最美好的结局”。这一点，他一方面是从海德格尔的“非常戏剧性地”“公开加入国家社会主义党”看出的，另一方面是从“近些年来”他“越来越强烈地表达出来的反犹太主义的言论——也针对倾慕他的那些犹太学生组成的团体以及在系里的言论”看出的。[①]据此，我们可以推测，胡塞尔可能而且有很大的可能性，也同奥伊肯在上述意义上谈论过海德格尔。

现在大家都知道，早在1916年，海德格尔就在一封信中谈到“我们文化和大学的犹太化”[②]。这种看法或许当时许多人——甚至包括犹太人自己——都有。回过头来看，人们必须得问，海德格尔后来的存在史上的反犹太主义是否能对早期的也许可称之为私人的反犹太情绪带来不同的解读。海德格尔自己后来不是总是强调他的高校政治的存在史上的——尽管是错误的——动机吗？

在这种关联中，在那个弗莱堡大学的行政“报告”[③]中出现的段落：海德格尔表示“他是在一所无犹太人的系，并且不希望，有任

① 引自 *Heidegger und das “Dritte reich”*. A.a.O., 149。

② *“Mein liebes Seelchen!” Briefe Heidegger an seine Frau Elfride 1915–1970*. A.a.O., 51.

③ 这里显然指的上面提及的“二战”之后法国人接管弗莱堡大学之后的行政报告。——译校者注

何一个犹太人被聘用”，就有了另一层的含义。① 很显然，他在任校 91
长期间就已经按照他的存在史上的反犹太主义行事了。非常可能，他与胡塞尔的关系也成了这种反犹太主义的牺牲品。

胡塞尔注意到，人们把他“污蔑为‘唯理智主义’或‘理性主义’”，或者他把海德格尔的思想标示为“适应时代要求的非理性主义的存在论”，胡塞尔的所有这些笺注在海德格尔的存在史意义上的反犹太主义的背景的衬托下，显得完全是另外一回事。可以肯定的是，为了把反犹太观念断定为“非理性主义的”，我们不需要把这种观念在哲学上转换到存在史上的关系之中。但是在对海德格尔与胡塞尔的关系的观察中，海德格尔对胡塞尔现象学的在哲学上的反感情绪，可能在一开始就包含有反犹太的因素。

人们是否会一直追问——谁在什么时候谈到过“迫害犹太人”？无论如何，海德格尔从来没有谈起过“迫害犹太人”。只是当他回
忆与胡塞尔的绝交的时候，附带提起这个词。为什么海德格尔老强 92
调，他同胡塞尔的绝交发生于有“国家社会主义和迫害犹太人”的“说法”的很久之前？是海德格尔想到在“二战”之后的时期，人们可以自由地谈论对犹太人的迫害而不会利用这种自由去实施它了

① 奥伊肯当时显然没有参加当时的那次系里的行政会议。但据说，这件事“通知了他”。海德格尔“反对犹太人的态度”的这段“报道”本来就有歧义性。首先作为证据的那些话来自奥伊肯和阿道夫·兰珀（Adolf Lampe）。奥伊肯强调，“依据记忆”海德格尔应该“以大学校长的身份，公开讲话谈论过‘所谓魏玛共和国时期的犹太人统治’，以及作为‘陌生者’的犹太人”。可以作为证据的还有来自比如格哈德·里特德（Gerhard Ritterde）的说明。在这里大学政治问题的动机到底起了多大作用，实在很难说。无论如何海德格尔有一次说过，“兰珀先生的告密行径，绍尔（Sauer）先生的谎言，冯·迪茨（von Dietze）先生的阴险和虚情假意”——然后海德格尔问道，“对于其他负责行政管理的家伙们还能期望什么；这些人有什么资格权利，装扮成道学先生来反对纳粹？”参见 Martin Heidegger: *Zum Ereignis-Denken*. GA 73. 2. Hrsg. von Peter Trawny. Frankfurt am Main 2013, 1019。兰珀和冯·迪茨在纳粹时期参加了基督教反抗运动“弗莱堡小组”的活动，于 1944 年被捕入狱。奥伊肯与犹太人结婚。里特德也于 1944 年被捕。很显然，海德格尔不知道拿奥伊肯的自由主义精神和兰珀与冯·迪茨的新教立场怎么办。

吗？还是说海德格尔想到的是20世纪30年代的情况？他想到的是反犹太的政治宣传吗？在这种宣传中，有“迫害犹太人的说法吗”？还是海德格尔想到了那些秘密的谈话，以及那些聚会，在那些聚会上，人们直接表达着对关于集中营的各种谣传的憎恶？所有这一切同胡塞尔有关系吗？海德格尔是什么时候得知“迫害犹太人”的事情的？

# 著作与生活



海德格尔研究经常被置于下述标准之下：把哲学家的生活同其思想清楚地分离开。就像瓦尔特·比默（Walter Biemel）1973年在他的很有影响的海德格尔专著里讲的：“这里［马丁·海德格尔的情况］不是通过他的生活我们可以对他的著作有进一步的了解，而是，他的著作就是他的生活。”[①] 根据这个看法，要找到进入他生活的入口，就要“遵循他的创作的轨迹，尝试去把握，什么是这个创作进程的指导思想”。比默声称，他的著作与生活是一个统一体，而著作是其中心，他的生活就是围绕这个中心而展开的。

关于生活与著作之间关系的这种解读有它的合理性。就海德格尔的著作与生活而言，此解读也基本符合实际：对于海德格尔来说，他的著作、遗著的确处于耀眼的中心地位。由此比默便得出结论：生活、关于生活的叙述和传记毫无意义。但这并不符合其生活围绕着其著作而展开的思想。因为，据此，在他的生活中一定能找到这些著作的轨迹。

在一篇海德格尔的早期手稿中我们看到，“哲学的出发点：事

① Walter Biemel: *Heidegger*. Rowohlt Taschenbuch Verlag: Reinbek bei Harmburg 1973, 7.

实上的现实生活”①。这是完全不同的声音。从这种观点看，事实上
94 的人生，越是我“**自己的世界**”②，越是“我的生活的个人的节奏”（Rhythmik），仿佛就越是思考的一个条件。如果真是这样也太呆板了。因此，在另外一个地方他写道，“尽管哲学”来源于“事实上的生活经验”，可是“然后”它“在事实上的生活经验中又跳回这种经验本身”。③ 哲学与生活就是这样一种有节奏的共生现象。

据此，哲学就不是科学，对科学而言，它不但脱离现实的生活，而且必须脱离它。科学的判断仅仅诉诸科学对象自身显示出的内容。科学家的生活与这门科学的对象之间不存在任何关系——无论如何，只要这些对象并不证明自己为现实生活的现象（比如基本粒子）。与此相反，哲学家的生活与他研究的对象或者非-对象纠缠在一起。

所以，海德格尔的生活和思想正好与此相应：他“在小木屋”中的生活被人们看作是一种哲学行为；他的政治责任心和活动同他的思想联系在一起。就如他曾经向他夫人承认的那样，在他的著作的上下文中去理解那种必然性，就必须领会体验“那［爱］神的翅膀的扇动”④。他，这位思想家，他向生活要求生活所给予的一切。那么，现在应该如何看待我们所有这些思考的主题词“海德格尔的存在史上的反犹太主义”呢？海德格尔当时真的是一个反犹太主义者吗？

海德格尔曾与犹太人保持着友好的、主动的，甚至十分亲密的

---

① Martin Heidegger: *Grundproblem der Phänomenologie (1919/20)*. GA 58. Hrsg. von Hans-Helmuth Gander. Frankfurt am Main 1993, 162.

② Ibid., 33.

③ Martin Heidegger: *Phänomenologie des religiösen Lebens*. GA 60. Hrsg. von Matthias Jung und Thomas Regehly. Frankfurt am Main 1995, 8.

④ *"Mem liebes Seelchen!" Briefe Marrin Heideggers an seine Frau Elfride 1915–1970*. A.a.O., 264.

私人关系。这难道不是自然而然的吗？胡塞尔曾是他的老师，出于哲学上的原因，他与胡塞尔越来越疏远；约纳斯·科恩（Jonas 95
Cohn）是他的犹太同事，海德格尔先是以校长的身份帮助这位犹太同事，然后在1933年7月，又按“专业行政工作恢复法案”的规定，打发他退休[①]；海德格尔很器重自己的助手维尔纳·布洛克，在1933年，曾经帮助他获得去剑桥学习的奖学金，但是却认为，他“不能在系里工作”，因为“这个犹太人身上”总缺了点儿什么[②]；更不用说汉娜·阿伦特了，还有伊丽莎白·布洛赫曼，海德格尔一直同她们保持联系，直到她们去世；他20世纪50年代末认识了玛莎·卡莱科，而且似乎马上看好她[③]；还有保罗·策兰，海德格尔对他的诗作特别欣赏，等等。所有这些犹太男人和女人，海德格尔以不同的方式，自然而然地认识了他们，并没有一个是由于反犹的原因而断绝关系。相反——有些交往甚至保持到犹太人大屠杀之后，或者——除了令人痛心的与策兰的关系——在犹太人大屠杀之后又重新建立起来。

如果上述方面的陈述解说是符合实情的，那么就可以从各种事实得出如下结论：海德格尔一方面作为哲学家，表达了一种反犹的思想，但另一方面与犹太人在相当长的时间里非常和睦地生活着。这种张力正好验证了反犹太主义研究的下述著名观察：

汉娜·阿伦特在《极权主义统治的要素和起源》(*Elementen und Ursprüngen totaler Herrschaft*）中谈到“特殊犹太人”[④]。西欧的“社

① Hans Dieter Zimmermann: *Martin und Fritz Heidegger*. A.a.O., 82ff.

② Martin Heidegger/Kurt Bauch: *Briefwechsel 1932–1975*. Hrsg. von Almuth Heidegger. Karl Alber Verlag: Freiburg und München 2010, 32.

③ Jutta Rosenkranz: *Mascha Kaléko. Biografie*. Dtv: Munchen 2007, 177.

④ Hannah Arendt: *Elemente und Ursprünge totaler Herrschaft*. A.a.O., 141ff.

会”从来没有向“犹太人，而只是向犹太民族的特殊人群——特殊犹太人——开放过他们沙龙的大门”。因此，这些“特殊犹太人”被
96 置于“原则性的模糊性”的境地。人们要求他们是“犹太人，但又不要像犹太人那样”。也就是说，他们应该在任何情况下都不要像“普通有死者”，而是像“某种不一般的人”。

按照阿伦特的看法，在纳粹对犹太人进行迫害期间仍然是如此。在那部关于艾希曼（Eichmann）的书中，她精辟地写道：“希特勒本人认识 340 个‘高等犹太人’，他们或者专门被认定为纯粹的德国人，他或者把他们完全命名为德国人，或者被看作‘半犹太人’而赋予特权。”① 她还相信，犹太人大屠杀的组织者莱因哈德·海德里希（Reinhard Heydrich）自己就是“半犹太人”。这已经被证明是错误的。无论如何，海德里希在他有生之年一直不得不为对付此谣传费尽心机。她举出还有另外一些关于“特殊犹太人”的著名案例，比如，音乐家理查德·瓦格纳的自传中有一段插曲：他的歌剧《帕西法尔》（*Parsifal*）在拜罗伊特（Bayreuth）的被称为“剧场庆典节日演出”的首演上，他坚持让犹太人赫尔曼·莱维（Hermann Levi）来担任指挥。

无论这种关系在细节上是看上去如何，反犹太的态度，与犹太人友好相处、认真关照，无论当时还是现在都并不相互排斥。相反，这些特例显然证明了这一规则。这条规则对海德格尔是否适用呢？无论如何在他这里至少有两个说法，从这两种说法中显然可以得出如下结论：他在犹太人问题上也做了例外处理。一个涉及他与阿伦特的关系。在后面章节我要专门进行讨论。另一个例子涉及

① Hannah Arendt: *Eichmann in Jerusalem. Ein Bericht von der Banalitätdes Bösen*. Piper Verlag: München 1964, 171.

莱辛（G. E. Lessing）。他曾经令人瞩目地将其称之为“德意志思想家”①——恰恰以此间接指明了他亲犹太倾向。②

最后，特别对于存在史上的反犹太主义来说，很难想象，他能把所反对的东西，具身化到某个特定的人物身上。存在史意义上的反犹太主义特点恰恰是，它是隐匿的。它如果直接现身的话，它该是什么样呢？任何可能的“图像”都与存在史上的反犹太主义失之交臂，不可能与其相应。有没有一种反犹太主义，它没有有敌意的犹太人的具体“形象”？看起来在海德格尔这里有这种反犹太主义。 97

因此我们可以认定，海德格尔在与犹太人的具体交往中根本不需要有“特例”。对他来说很清楚，“世界犹太人”没有面容。尽管有“被放逐出去的流亡者”，但是他们扮演的只是——按海德格尔的说法——教唆挑动“世界犹太人”的角色。但却“到处不露痕迹”，也就是说是“不可见的”。这也许是海德格尔为什么只把反犹太思想写进了《黑皮本》，而没有写在别的地方。存在史上的反犹太主义最终无法与现存的以种族理论为基础的反犹太主义在看法上取得一致。海德格尔拒绝后者，但并没有放弃种族概念。

著作是生活的中心。所有的生活之路都是从这个中心辐射出去的，并返回到它。《黑皮本》里的情况也是如此。在关于犹太人的

① Martin Heidegger: *Überlegungen X*, 107. In: Der: *Überlegungen VII–XI*. GA 95. A.a.O. 问题是，为什么海德格尔把那《纳旦》(*Nathan*）的诗人［指莱辛］称之为“德国诗人”。［智者纳坦（Nathan der Weise）是德国诗人戏剧家莱辛于 1779 年发表的一出戏剧。剧中呼吁宗教宽容。该剧背景设定在第三次十字军东征的耶路撒冷，讲述了一个聪明的犹太商人纳坦、统治者、苏丹萨拉丁以及圣殿骑士如何打破他们之间犹太教、回教和基督教的隔阂的故事。友谊，宽容，友好沟通是整出戏剧的主旨。在莱辛有生之年该剧一直被教会禁演，直到 1783 年才在柏林第一次演出。——译校者注］

② 莱辛不是犹太人，海德格尔可能认为他有亲犹太倾向，不是正宗的德意志的。由于莱辛主张宗教宽容，他的很多作品中犹太人都是正面主角，所以，常有人误以为他是犹太人。第二版修改为“这恰恰给他打上了非德意志的标记”。——译校者注

书面表达与同犹太人的生活交往之间，海德格尔显然没有感觉到有什么重大的冲突。“世界犹太人”是“到处不露痕迹的”。如果同时考虑到哲学家由著作决定的生活，那么就会更清楚地认识到他的著作，对于哲学家的所思所想莫不如此。犹太人大屠杀后海德格尔与汉娜·阿伦特的重逢就是一例。

# 灭绝与自我灭绝



存在史上的叙事的形态测绘学在《黑皮本》中被用专名和概念明确标示出来了，以描摹“二战”的氛围，以便从存在史方面对其进行加工。“德国人”——“另一次开端”的代表——旁边放上了“俄罗斯”。海德格尔把“德国人”在存在史意义上与“国家社会主义”进行了区分，同样，也把“俄罗斯”与“布尔什维主义”进行了区分。此外，越来越清楚的是“美国主义”，即“英格兰”的继承者的存在史力量（势力）。然后出现了“法兰西”，笛卡尔的民族，巴黎的民族，一个在20世纪40年代末海德格尔开始对其越来越感兴趣的民族。“基督教”被打上了阻碍“开端”的标记。在提及中国文化时中性地提及“亚细亚”。按当时常见的歧视性说法，在中国，只能看到一个充斥着大量剥削压迫的国家。当然还有“犹太人”“世界犹太人”，或者也称“犹太性”。

这种形态测绘学描述被安排在一个——如果避免说是特定的战斗序列（τάξις）[①]的话——特殊的序列之中，一方是“制造伎俩”的代理人：“英格兰”“美国主义”“布尔什维主义”和存在史上所理解

① 古希腊文：军队队伍的排列，战阵。——译校者注

的“共产主义”和“犹太文化”(也包括“基督教”);另一方是诸“开端”发轫的场所:“希腊”“德国”“俄罗斯”。

这种形态测绘学是由两个方面决定的。一方面我们可以从中看
100 出战争的前线对峙。在写于1938年至1941年期间的那部分《思索》中,海德格尔认真关注着现实的战事进展。他对“‘史志学的’事件”[1]非常感兴趣。另一方面,形态测绘学显示着存在史的戏剧性演出。战事进展直接写进了叙事中,其中“开端”和“终结”构成了两个本质性的形式性的环节(Elemente)。“开端”被归之于“德国”的“思想与诗作”——并且总是作为前苏格拉底的“希腊人”的回溯。而“终结”则被归之于[代表]“制造伎俩”的几个强权。形态测绘学描述的这种双重规定是遵循着被海德格尔高度强调的史志学(Historie)与存在史(Seinsgeschichte)之间的区别的。

战争的双重规定不仅在《思索》中被讨论,而且在1942年开始写作的《笺注》中也涉及这个问题,那里的讨论一直活动在史志学的解读和存在史的解读之间。在史志学的层次上,“开端”与“终结”的关系中,关涉的是“各种决断”,关涉的是一种“破坏”(Zerstörung),是“荒漠化行为”(Verwüstung),“其统治是战争的灾难和灾难性战争都无法撼动的”[2],但却是“可以被见证”的。史志学上的战争是存在的历史的“见证”(Zeugnis)。在存在的历史本身中,重要的不再是军事上谁获胜,谁战败。战争主要是“在见证”一种“决断”,通过此决断,“一切”都变成了“存在史的奴隶”

① Martin Heidegger: *Überlegungen XV*, 16. In: Ders.: *Überlegungen XII–XV*. GA 96. A.a.O.
② Martin Heidegger: *Überlegungen XII*, 65. In: Ders.: *Überlegungen XII–XV*. GA 95. A.a.O.

（Sklave）。① “奴隶”并不仅仅是被压迫者，而且也是效力者，然而 101
犹太人是如何为“伡在史”“效力的呢”？

战争的存在史上的意义就在于，“去净化那存在身上的、由实存的霸权所造成的最深层的扭曲破坏”②。对海德格尔来说，那就是“**技术的最高的完满**”（Vollendung）。“当技术作为消耗者——除了自身外——已经没有东西供其消耗时，它就达到了”“技术的最高层次”的“完满”。③ 于是他问道：“这种自我灭绝是以什么样的形态加以实施的？”在战争中发生的技术的“自我灭绝”，就是“存在的净化”。就像赫拉克利特（Heraklit）一样，海德格尔想到的是一场世界大火④，这场大火应该把世界从“实存的霸权”中解放出来。历史汇入末世论还原中。还有另外的“开端”吗？还是说只剩“终结”了？

历史的末世论还原是更进一步的叙事。它是嫁接在已经现存的

① Martin Heidegger: *Überlegungen XIII*, 89. In: Ders.: *Überlegungen XII–XV*. GA 95. A.a.O. 对海德格尔的关于存在史的思想而言，“伡在史的奴隶”是其核心。所有发生的一切，都是必须发生的，就是因为它发生了。因此海德格尔也把他的思想称之为“非人的”（Martin Heidegger: *Geschichte des Seyns*. GA 69. A.a.O., 24），它并不把“至今为止的人类之标准、目的和追求”当回事。这样人们就不难理解：为何谈到被迫害、被毁灭的犹太人时他的语气腔调是那么的冷酷。

② Martin Heidegger: *Überlegungen XIV*, 113. In: Ders.: *Überlegungen XII–XV*. GA 96. A.a.O. 还可参见 *Überlegungen XIII* 的第 23 页。

③ Martin Heidegger: *Anmerkungen I*, 26. In: Ders.: *Anmerkungen I–V*. GA 97. A.a.O.

④ 参见 *Die Fragmente der Vorsokratiker. Griechisch und Deutsh von Hermann Diels*. Hrsg. von Walther Kranz. Erster Band. 18. Auflage. Weidmann: Zürich u. Hildesheim 1989, Frg. 22 B 66。πάντα γάρ τὸ πῦρ ἐπελθὸν κρινεῖ καὶ καταλήψεται. 可译为，“火在升腾中判决和处罚万物”（Denn Alles wird das Feuer, herangekommen, richten und ergreifen）。海德格尔在 1943 年夏季的关于赫拉克利特的战时讲演录中作了精辟的解读，“整个星球烈火熊熊，人类的本质处于混乱之中”（Der Planet steht in Flammen. Das Wesen des Menschen is aus dem Fugen）。Martin Heidegger: *Heraklit*, 1. Der Anfang des abendländischen Denkens, 2. Logik. Heraklits Lehre vom Logos. GA 55. Hrsg. von Manfred S. Frings. Frankfurt am Main 1994, 123.［这段残篇译文引自苗力田：《古希腊哲学》，中国人民大学出版社，1989 年。英文译为：“Fire coming on will discern and catch up with all things.” 参见 Heraclitus, Charlesh H. Kahn: *The Art and Thought of Heraclitus. An Edition of the Fragments with Translation and Commentary*. Cambridge University Press 1979, 83。——译校者注］

存在史的叙事性形态测绘学之上的。当战争获得了它的“总体”战争的特征时，可能海德格尔正是在这个节骨眼儿上想到“制造伎俩”的“自我灭绝”的。现在，形态测绘学终究要被填充上具体角色
102 （Protagonisten）①。战争的前线被纳入“自我灭绝”之内。和“美国主义”“国家社会主义”一样，“世界犹太人”也被安排了它应扮演的角色。

这个角色有多重含义。为了理解它的多义性，人们必须在“开端”和“终结”之间的决断中，来区分“终结”不同的造型形象（Figuren）：“破坏”、“完结”（Verendung）、“荒漠化行为”、“灭绝”（Vernichtung）和“自我灭绝”。在“灭绝”“破坏”和“自我灭绝”的区分中，“世界犹太人”的末世论还原上的角色，是本质性的要素。也许犹太人甚至无非就是末世论还原本身。

在 1933 年至 1934 年冬季学期的一个通俗化的大课《关于真理的本质》（*Vom Wesen der Wahrheit*）中，海德格尔谈到了“灭绝”。他当时对赫拉克利特著名的残篇 53 进行阐释，根据残篇，πόλεμος② 是万物之父、万物之王。战争把其中一些做成众神，把另一些做成人；其中一部分成了奴隶，另一部分成了自由人。在这个时期，海德格尔曾对这段箴言做过多次解读。

πόλεμος 被理解为“坚定不移反对敌人”③。“敌人”就是“那些和所有的从其出发而能对民族及其个人之達在产生本质性威胁的人群”。这“敌人”完全不需要是“外在的”敌人。也就是说，他不需要直接表现在一种敌对民族或国家的形式之中。它可以“看上去好

---

① Protagonisten，文学中一般指的是戏剧或小说的“主人公”。——译校者注

② 古希腊文：战争。——译校者注

③ Martin Heidegger: *Sein und Wahrheit.* 1. Die Grundfrage der Philosophie. 2. Vom Wesen der Wahrheit. GA 36/37. Hrsg. von Hartmut Tietjen. Frankfurt am Main 2001, 90f.

像根本没有敌人似的”。于是，“去发现敌人，置其于光天化日之下，甚至去创造这个敌人”，就成了一种“基础性要求”。借此，“敌人”是否真的存在，其实无关宏旨。“達在”需要“敌人”。

“敌人”可以固着于“一个民族的達在的最内部的根子中，处于其本己的本质的对立面，与其对抗”。也就是说，“敌人”是“本
质”的“敌人”。正因为如此，“战斗”就变得“愈加尖锐、激烈和 103
困难”。因为“去发现窥探、去揭露展开这类敌人”，“为长远考虑，去发动进攻，达到将其完全灭绝的目的，经常要困难的多，也旷日持久的多”。①

“本质的”-“敌人”遇到了“完全的灭绝”。这句与赫拉克利
特的箴言毫无关系的话语，显而易见是残忍的。很可能海德格尔是 104
为了迎合当时的新当权者。因为，这种表达方式的语义是非常实时的。这难道不是“固着在一个民族的達在的最内部的根子中的”“寄

① 针对我们上面引述的文字，费耶（Faye）写道：“下面这段文字肯定是海德格尔著作中最不可容忍的一处。战斗……用海德格尔最为典型的语言被分毫不差地描述为，反对已同化到德国人中的犹太人的国家社会主义的种族斗争。这里涉及的战斗，直接导致了1933年至1935年的第一次反犹太人的措施，以及他们如何被包括到思想一体化法案范围之内，然后通过纽伦堡种族法，发展到‘彻底解决方案’，以彻底毁灭欧洲犹太人为结果。”参见 Faye：*Heidegger*. A.a.O., 229f.。费耶认为很清楚，这里的“敌人”就是犹太人。他把海德格尔的“遮蔽性”解释为“同化”的结果。他把海德格尔的“完全的毁灭”阐释为后来在犹太人大屠杀中得到实现的身体上的毁灭。当然所有这些都不是海德格尔这里的意思，但是对他的那些段落的这种阐释，海德格尔并没做任何事情去加以澄清。扎博罗夫斯基是这样评述这些段落的：“恰恰在哲学的上下文中，如果谈到战斗，人们马上会想到赫拉克利特的作为‘万物之父’的*polemos*——战斗或者战争——一词，这个词对海德格尔变得越来越重要：这个词为海德格尔把现实的战斗升华为精神中的战斗提供了辩解。”参见 Holger Zaborowski：*“Eine Frage von Irre und Schuld?”* A.a.O., 271。姑且不论，赫拉克利特的箴言中的战斗根本不是“精神上的战斗”——这样以海德格尔的解读是合理的——扎博罗夫斯基的提示不够尖锐。在一种“精神上的战斗”中，如何能有“完全毁灭”呢？人们不可能把哲学上的理念和论证给“完全毁灭”。如果把“完全毁灭”这类概念应用于激烈的讨论——即“精神上的战斗”——中，是十分怪异的。此外，我并不认为，这里海德格尔确定无疑地想到的是物理上的毁灭。但是在我看来，与海德格尔的“完全毁灭”不同，“谁靠着与敌人的战斗而活，他就有兴趣，保持自己的生命”。可参见 Friedrich Nietzsche: *Menschliches, Allzumenschliches*. KSA 2. A.a.O., 326。

生者”吗？因此这样还有必要去准确地指明谁是“敌人”吗？

对此海德格尔保持沉默，可是后来在一个地方海德格尔还是说话了：“只有当我们首先把理念学说和它的两千年之久的历史探讨清楚了，然后才能把马克思主义彻底地解决掉。”① 这里“马克思主义”被视为“本质的”-“敌人”。马克思，在20世纪30年代的意识中，是“犹太人马克思”②。十分明显的是，“马克思主义”似乎是形而上学，也就是存在史的一种形态。柏拉图的“理念学说”被描述成“马克思主义”的前提。

不言而喻，“马克思主义”，也就是“犹太文化”，属于应被“完全灭绝”的东西。但是“本质的”-“敌人”必须自己行动。它必须进攻。这就要求那种海德格尔所想象的 πόλεμος。然后在“二战”期间，海德格尔把存在史的叙事进行了改动。历史的事件的发生要求对存在史上的思考不断地进行加工。犹太人现在不简单地是“某个民族的達在”之“本质的”-“敌人”，而且他们承担起了整个“基督教西方的”“挑衅”角色：

> 105 在基督教西方的——亦即形而上学的——时代，犹太性是那个破坏的原则。在对形而上学进行全面颠覆——即通过马克思对黑格尔形而上学的颠倒——的过程中，那从事破坏的东西。精神与文化变成了“生活”的——也就是说经济上的，即组织

① Martin Heidegger: *Sein und Wahrheit.* GA 36/37. A.a.O., 151.

② 参见 Alfred Rosenberg：*Der Mythus der 20. Jahrhunderts.* 107.–110. Auflage. Hoheneiche-Verlag: München 1937, 127f.“由于耶和华完全被认为发挥着物质性的影响，因此在犹太人那里，僵死的一神信仰同实践性的拜物教（唯物主义）和最无聊的哲学迷信交织在一起，所谓的《旧约》《塔木德》与卡尔·马克思为此传播者同样的洞见。”那个时代的典型的排序：犹太人 = 耶和华—一神论—唯物论—马克思主义。

上的，亦即生物学上的东西的，即“民族”的——上层建筑。①

就这种结构终结完善于黑格尔哲学而言，“犹太性”破坏了“基督教西方”的形而上学结构。主动提出这一要求的马克思把黑格尔头脚倒置，铺好了直达“制造伎俩”的轨道，并且，现在直接导向了“第三帝国”。因为，“‘生活’的——也就是说经济上的，即组织上的，亦即生物学上的东西的，即‘民族’的——上层建筑”之排序，直接把我们带到问题的核心：从事破坏活动的犹太人，是国家社会主义的开路先锋。

（希特勒的反犹太主义是粗暴的生物学的反犹太主义。在《我的奋斗》[*Mein Kampf*] 中他也谈到“犹太人的毁坏性原则”②——可能是借孟森 [Theodor Mommsen] 的关于犹太人的臭名昭著的说法而言的：犹太人是“实际发生着影响的世界主义和国家分解的酵母”③。对希特勒来说，“犹太人”肯定也是“马克思主义者”。）

1940 年海德格尔赋给“世界犹太人”的“世界历史的‘任务’：将实存从存在中连根拔起”④，这与“破坏性原则”同是一回事。“犹太性”“破坏着”实存和存在之间的差异的秩序。马克思曾在其博士 106
论文中研究过德谟克利特和伊壁鸠鲁，他的思想基础是唯物主义的，因此被等同于犹太人。⑤

① Martin Heidegger: *Anmerkungen I*, 29. In: Ders.: *Anmerkungen I–V*. GA 97. A.a.O.

② Adolf Hitler: *Mein Kampf. Zwei Bände in einem Band*. 815.–820. Auflage. Franz Eher Nachfolge GmbH: München 1943, 498.

③ Theodor Mommsen：*Römische Geschichte*. Bd. III. Weidmann: Berlin 8/1889, 550.

④ Martin Heidegger: *Überlegungen XIV*, 121. In: Ders.: *Überlegungen XII–XV*. GA 96. A.a.O.

⑤ 马克思著名的被遗失的 1840/1841 年的博士论文的题目是：《德谟克利特的自然哲学和伊壁鸠鲁的自然哲学的差别》(*Die Differenz der demokritischen und epikureischen Naturphilosophie*)。据此，马克思的唯物主义（这本身就是一种限定）标示为“犹太的”，这是一种反犹的策略。

按语：列维纳斯在他 1961 年的一篇论文《海德格尔、加加林和我们》（“Heidegger，Gagarin und Wir”）中，尝试解释犹太人与海德格尔以及海德格尔主义者之间的区别，他尤其提到海德格尔主义者。这个区别在本质上关涉的是海德格尔所强调的世界的类型分布的秩序，以及犹太人对这一秩序在技术中遭到破坏的肯定。

“被植于某一地区（Ort）①，与某地方联系在一起”，这便是“把人分为本地人和陌生人”。由此视角出发，“技术比这个地方的魂灵的危险要小得多”。技术会战胜“扎根和流亡（Exil）的特权”。“技术”“把我们从海德格尔式的世界以及对地方的迷信”中撕裂出来。②

相反，列维纳斯认为，加加林向我们展示出我们如何能够离开某个地方。他在文中说道：“一个人外在于所有地平线存在了一个小时之久——四周围绕着他的都是天穹，或者说，围着他的一切都是几何空间。一个人曾经存在于一个均质空间的绝对中。”③1961 年加加林乘坐东方 1 号宇宙飞船围绕地球飞行了 106 分钟。

然而具有决定性的是，列维纳斯把这个理念，即以“均质空间”取代“地方”，用于犹太人身上。犹太文化“并未使偶像升
107 华，它要求摧毁它们”。它“像技术一样，使宇宙失去了神秘性”（entmystifiziert）。它用它的“抽象的普遍性”伤害了“幻想和激情”，但是它“把人的脸面给赤裸裸地揭示出来了”。④

列维纳斯也谈到“解构”（destruction）。在海德格尔眼里，这涉及的是一种从普遍主义出发的“破坏毁灭”、一种来自“制造伎俩

① 德文 Ort，指人生活的具体的地方，地点。——译校者注

② Emmanuel Lévinas: “Heidegger, Gagarin und Wir.” In: Ders.: *Schwierige Freiheit. Versuch über das Judentum*. Juedischer Verlag: Frankfurt am Main 1992, 175.

③ Ibid., 175f.

④ Ibid., 176.

的”“破坏”，但是这种“破坏”还不是“灭绝”。如果看到，列维纳斯在何种程度上肯定了存在史之末世论还原，有那么一点阴森莫测（unheimlich）。他是从另外一个方面出发，把与海德格尔切磋讨论的“普遍主义的”犹太文化，归入末世论还原之中的。

海德格尔把所有这一切都归结到形而上学的历史里。在 20 世纪 40 年代初的某个时候，关于柏拉图主义他做了下述笔记：把 ἀγαθόν（好）设定为关于 ἀλήθεια 的 τελευταία ἰδέα（关于真理的终极理念），把 ἀληθές（真）又设定为 γιγυωσκόμενον（被认识），这是极其关键的且影响极其深远①的步骤，以便走向远程战斗机大规模成系列的生产，发现无线电技术信息通信设备，并在其帮助下，走向马上就要实施的地球和人的无条件机械化，这个机械化也是那第一步就预先规定好了的。②海德格尔把他对形而上学的解读应用到实时的、紧迫的现象之上。远程战斗机破坏与灭绝文本彼岸的诸多城镇。

在海德格尔的眼里，柏拉图的理念论与对 ἀλήθεια 的贬低紧密联系在一起，它是任何种类“大规模成系列的生产”的源泉。一切要生产的东西都需要模型、样板。而模型、样板这种范例，就是由柏拉图的理念论以各种理念给提供的。这也就是为什么，海德格尔 108
把“马克思主义”理解为柏拉图主义的一种类型的原因。对于海德格尔来说，柏拉图主义就是一种［工业］“生产”的哲学。

这里“大规模成系列”生产的，既包括“远程战斗机”又包括“无线电技术信息通信设备”。这里海德格尔的把握是正确的：飞机

① Am weitersten tragende Schritt，直译：负载最远的。——译校者注

② Martin Heidegger: *Metaphysik und Nihilismus*. 1. Die Überwindung der Metaphysik. 2. Das Wesen des Nihilismus. GA 67. Hrsg. von Hans-Joachim Friedrich. Frankfurt am Main 1999, 164.

是以无线电技术为前提的。而且还因为，从技术的意义上看，它可以把“远程战斗机”送入到远方的敌占区之内，所以，柏拉图主义也的确是“负载最远的步骤”。

列维纳斯谈论加加林的东方1号宇宙飞船，海德格尔谈论“远程战斗机”，这难道是偶然的吗？按照海德格尔的看法，这二者都服务于“破坏”，都离开了地球，运动在普遍的宇宙空间之中。这里已经暗示出，对海德格尔而言，柏拉图的理念和犹太文化构成了一种关联。此外，奥古斯丁在《上帝之城》(*De civitate Dei*）第八卷中问自己，柏拉图是不是有可能知道先知们，尤其是先知耶利米（Jeremia）呢？他得到的结论是否定的。但是他仍然说，他几乎可以肯定，柏拉图一定知道《耶利米书》[①]的断言。犹太文化、柏拉图主义和基督教是海德格尔在《黑皮本》中攻击的普遍主义的三种形态。

存在的历史将在那个地方达到满全的末世论还原，那里不再存在威胁“民族達在”的“敌人”，无论它以何种方式威胁，历史自身必须做出“决断”。于是，“灭绝”变成了“自我灭绝”。据海德格尔的看法，这种“自我灭绝”涉及一切事物和每一个人。“制造伎俩”是完全彻底的（total），没有任何例外。他有一次还谈到“共产主义”的，亦即被他设想想象为存在史上的“共产主义”的“自我灭绝”。依据这种“共产主义”，在“布尔什维主义”和“美国主义”以及它们所许诺的普遍的平庸性之间，不存在任何差别。在“二战”

① 《旧约·耶利米书》记述的是先知耶利米的事迹。耶利米是公元前7世纪末叶到前6世纪初叶的人。他曾警告上帝的子民，由于他们崇拜偶像，国家将遭受灾难。据称他曾亲眼看到此预言的实现。——译校者注

之后，海德格尔又谈到“德国人”的“自我灭绝”——在“二战” 109
结束前夕，他还在谈到“犹太性”的“自我灭绝”。原文如下：

> 只有当本质性的“犹太的东西”在形而上学的意义上与犹太的东西斗起来了的时候，那么历史上的自我灭绝的高潮就到来了；假定“犹太的东西”夺取了全面的统治，以至于去克服“犹太的东西”，而且首先是这一克服，也终将成为对它（犹太的东西）的臣服。①

“自我灭绝”不需要到处都被理解为“身体上的”灭绝。根据海德格尔的看法，更有一种“人类的自我灭绝”②，它就是由作为“最后的人”（尼采）的近代主体向着它的“灭亡”的过渡。另一方面，还存在着一种“对手”的“自我灭绝”：对于它，“‘政治’”在其“近代的本质方面”无需做任何其他事情，而只要让“对手”“进入”只能走向“自我灭绝”③之可能性的“一种局势”。也许，海德格尔此时想到的是“美国主义”，然而，因为在同一个地方他又说：“人们现在才刚刚，够晚的，而且是半推半就地发现，美国主义是政治上的对手。”

无需辩护的是，“自我灭绝”这一概念的反复震荡会引起人们对其意义的漠视。相反，其意义的每一个细微变化都应该受到关注。此外，我们还必须注意到，比如海德格尔何时谈论“犹太人”
的“自我灭绝”，何时谈论“德国人”的“自我灭绝”。在这个地方， 110
《黑皮本》的证据特征就十分重要。就像在大课中一样，关注在存在

① Martin Heidegger: *Anmerkungen I*, 30. In. Ders.: *Anmerkungen I–V*. GA 97. A.a.O.
② Martin Heidegger: *Überlegungen XIV*, 18. In: Ders.: *Überlegungen XII–XV*. GA 96. A.a.O.
③ Martin Heidegger: *Überlegungen XIV*, 13. In: Ders.: *Überlegungen XII–XV*. GA 96. A.a.O.

史的叙事里，海德格尔在什么时候做了什么样的改变，十分重要。

末世论还原表明，它是技术的“自我灭绝”。在海德格尔的思考中的叙事上的类型分布上，显示出“美国主义”“英格兰”“布尔什维主义”“共产主义”“国家社会主义”和“犹太文化”或者“世界犹太人”在存在史上的统一性。所有这些在存在史上的重要角色都被规定为具有“一种加强意义上的计算算计的天赋”，而这种天赋被海德格尔明确地指为“犹太人”的特征。这些犹太人乘着“远程战斗机”和宇宙飞船运动在无世界的空间中，也许他们就是那“制造伎俩”的真正的（非本真的）代理者。

在“二战”结束之际，面临“终结”，“自我灭绝”撞上了“制造伎俩”的这些代理者们。这里下的赌注是“另一次开端”。那“决断”要求，这个“开端”的发生，既没有胜者也没有败者，因为，胜者与败者的区别马上就会让人跌回到技术之中。技术必须自己毁灭自己，并且拉上它的代理者一起毁灭。

但是战争的结束表明，“制造伎俩”的代理者达到了他们的目的。现在它驱使“德国人”的“自我灭绝”。海德格尔说，是某种“屠杀机器”把“德国民族和国度变成了一个集中营”。① “制造伎俩”的“自我灭绝”不可能实现，唯一可能导致的结果就是“德国人”的“自我灭绝”。

剩下的问题是：我们应该如何理解“‘犹太性的’”的“自我灭绝”和“犹太性的”的“自我灭绝”？（在海德格尔这里，这个引号
111 曾有过比这更阴暗的、恐怖的意义吗？）“‘犹太性的’”显然指的是“制造伎俩”。在这个意义上，国家社会主义者和美国人、英格兰人、

① Martin Heidegger: *Anmerkungen I*, 151. In. Ders.: *Anmerkungen I–V*. GA 97. A.a.O.

布尔什维主义者，他们一起都是"'犹太人的东西'"[①]的代表。与之作对的东西，都将陷入对它的"臣服"，将按照它的规则去思考。而"犹太性的"——还能是什么？除此之外还有何意？——它就是现实生活中的犹太人的特征。"制造伎俩"的"自我灭绝"是以"犹太人的"自我灭绝的形式，通过"'犹太的东西'"而得以实现的：奥斯维辛——犹太文化的"自我灭绝"？这一思想再次毁灭了那些被毁灭者。

① 也就是说，海德格尔此处早就已经得到他后来的认识："农田耕作现在已经成了摩托化的食品工业，本质上，同毒气室和毁灭性屠杀设施中处理尸体的工厂是一回事，与对某些国家进行封锁和断粮是一回事，与氢弹的制造是一回事。"（Martin Heidegger: *Bremer und Freiburger Vorträge*. 1. Einblick in das was ist; 2. Grundsätze des Denkens. GA 79. Hrsg. von Petra Jaeger. Frankurt am Main, 2/2005, 27）当然，这里中性化一相对主义化地归咎于架-座的东西，就是在大约 8 年前归咎于"'犹太人的东西'"身上的内容。关于海德格尔为什么把"制造伎俩"等同于"犹太人的东西"，这个问题并不那么简单。这个引号把"强调计算算计的天赋"这种公式化了的特征，从现实中生存着的犹太人身上解脱下来，以便把这个特征整个加到技术之上。这样，犹太文化就成了不折不扣的存在史上的"敌人"。

113

# 犹太人大屠杀之后

涉及犹太人大屠杀这方面的事情，在海德格尔公开的言论中我们找不到任何痕迹。在《不莱梅讲演》(*Bremer Vorträgen*)的两处暗示中，那里海德格尔像阿伦特一样，二人几乎同时谈到“毒气室和毁灭性屠杀设施中处理尸体的工厂”①。但这两处恐怕不能算是对犹太人大屠杀的表述。这种表述不一定非是“道歉”，但是也许这是思想活动面对该事件的一种失败的尝试，或者表达一种敢于哀悼的勇气。

如今我们已经知道，以这种形式一般性地谈论犹太人大屠杀，是如何的困难了。其实在德国公开且广泛地讨论犹太人大屠杀的问题是1978年才开始的，诱因是美国的很成问题的四集电视连续剧《大屠杀——魏思一家的故事》(*Holocaust-Die Geschichte der Familie Weiss*)。当然诗人和思想家早就开始就此写文章了：阿伦特本来就是以此出名的，还有阿多诺，或者策兰的《死亡赋格》(*Todesfuge*)。甚至恩斯特·荣格尔在——呼吁第二次世界大战的结束的——《和平》(*Der Friede*)一书中说，“杀人魔窟”“将固着在人

① Martin Heidegger:*Bremer und Freiburger Vorträge*. 1. Einblick in das was ist; 2. Grundsätze des Denkes. GA 79. Hrsg. von Petta Jaeger. Frankfurt am Main 2/2005, 27, 56；还可参见 Hannah Arendt: *Elemente und Ursprünge totaler Herrschaft*. A.a.O., 912。

的记忆中，直到最遥远的时代"，它们是"这场战争的真正的纪念碑"。① 然而有关事件的谈话、对所发生事件的承认，毫无疑问是痛 114
苦的，因此也是困难的。

对海德格尔而言，与非常天才的、以前的女学生兼情人阿伦特的重逢有着特殊的意义。1933 年初他写信告知阿伦特，"今天的大学问题就像 10 年前在马堡一样反犹，那时，由于这种反犹太主义，我还赢得了雅各布斯塔尔（Jacobsthal）和弗里德伦德尔（Friedländer）的支持"②。一个充满矛盾心理的说明。因为，他又补充说："正因如此，这根本不能触动我与你的关系。"这就是海德格尔对"例外"的表述。③ 然而，阿伦特从来没有让人看出，她在与海德格尔的关系中，感觉到自己是"例外犹太人"。除了海德格尔在学术针对犹太人的保留态度之外，他对待犹太人的态度与对待其他人别无二致。

这个表述表明，海德格尔在阿伦特面前完全可以表达他的那种在 20 世纪 20 年代和 30 年代并非不同寻常的反犹太主义态度。首先是在大学里海德格尔的反犹太主义是直接针对犹太人的。正是从这个视角出发，他在 1916 年 10 月 18 日的一封信里直接说到"我们的

① Ernst Jünger: *Der Friede. Ein Wort an die Jugend Europas und an die Jugend der Welt.* Die Argonauten: o.O.u.Z., 15.

② Hannah Arendt/Martin Heidegger: *Briefe 1925 bis 1975 und andere Zeugnisse*. Hrsg. von Ursula Ludz. Klostermann Verlag: Frankfurt am Main 1998, 69.

③ 在这一点上，我不能不表达一下我个人的看法。对人，一般都保持一种无差别、超文化、超性别、超社会背景的关系。这已经成为了一种习惯。通过这种形式以适应"政治正确"，以此为基础而形成的经验，海德格尔是不具有的。正像我们谈到文集《德意志文化与犹太文化》的时候已经说到的，把一个德国人看作德国人，把一个（德国）犹太人看作（德国）犹太人，在 1945 年之前，是十分普遍的。可参见雅斯贝尔斯与阿伦特在 1933 年的通信中关于德国文化的讨论。还可参见笔者的《可以想象的犹太人大屠杀：阿伦特的政治哲学》(*Denkbarer Holocaust. Die politische Ethik Hannah Arendts*. Königshausen & Neumann: Würzburg 2005, 165ff. )。

115 文化和大学的犹太化”①，——一种对现状的判断，这种说法在当时是十分流行的，以至于犹太人也经常这样说。②而且在 1933 年德国实施“思想一体化法案”之前，阿伦特似乎对海德格尔在“大学问题”上的反犹太主义并没有公开拒斥。阿伦特认为，这是一种普遍的文化现象。而关于存在史上的反犹太主义——对此阿伦特可能从来没有听说过——当时海德格尔还没有达到这种认识。

1969 年 4 月阿伦特还收到海德格尔夫人埃尔福丽德的一封信，信中请求阿伦特接洽《存在与时间》手稿的拍卖及价格事宜。作为寻求帮助的理由，海德格尔夫人在信中说，“关于钱的问题，我们一窍不通”③——尽管她丈夫的弟弟弗里茨·海德格尔在梅斯基希的大众银行工作了几十年。考虑拍卖书稿的时候，海德格尔夫妇他们一下就想到犹太女人阿伦特，这难道纯属偶然？他们对钱真的一窍不通。难道阿伦特就懂得钱？在最后几十年对海德格尔“正式”的解释中，海德格尔的夫人被看作女反犹太主义者，而不是她丈夫。阿伦特毫不犹豫地接受了他们的请求。

海德格尔与阿伦特在 1950 年重逢后都谈了些什么，世人不得而知。可以想象，阿伦特会提起犹太人大屠杀的事。在 1950 年 4 月的一封信里，海德格尔提道：“犹太人和德国人的命运真的有着它独特的真理”，“这个真理是我们的史志学的计算无法企及的”。④一个模
116 棱两可的说法，因为它为各种解释提供了广阔的空间（此外，在海

---

① *“Mein liebes Seelchen !” Briefe Martin Heideggers an seine Frau Elfride 1915–1970*. A.a.O., 51.

② 1922 年被反犹太主义者谋杀的帝国外交部长瓦尔特·拉特瑙（Walther Rathenau）在他的文章《听着，以色列！》(“Höre, Israel!”, 1897）写道：“国家”的“目的”就是“抵制公共机关的犹太化”——并且将此标示为“合理的”。Walther Rathenau: “Höre, Israel!” In: *Deutschtum und Judentum*. A.a.O., 170.

③ Hannah Arendt/Martin Heidegger: *Briefe 1925 bis 1975 und andere Zeugnisse*. A.a.O., 170.

④ Ibid., 94.

德格尔的手稿中“可真的”[ja]和“各”[je]这两个字很难区别)。在一个月之后的一封信中还有一个表达，其意义更加含糊不清。在那里他声称：“1937/38 年的再次一击”“使得德国的灾难变得清楚起来”。[1] 极大的可能性是，海德格尔《黑皮本》中所有的反犹太主义言论都是在这之后才出现的。但是也可能，海德格尔完全有理由，不把“德国的灾难”同这里的说明联系在一起。真正的“德国灾难”——毁于“制造伎俩”——是完全不同的东西。那“德国的灾难”真的是什么完全不同的东西吗？

除此之外，海德格尔还可能同谁谈及过犹太人大屠杀这个议题？我所知道的所有可能的见证人，他们不是记不起来曾与他就此有过交谈，就是保持沉默。所有我们所知的书信也都对此三缄其口。只有唯一的一封信打破了这个沉默，这就是 1947 年 8 月马尔库塞写给海德格尔的信。他的信逼出了海德格尔的一个含糊其词的回答。[2]

《黑皮本》短暂地打破了这个沉默，这个死一样的沉默。起因是“欧洲盟军最高指挥部”的“心理作战处”在战争结束后分发的一张宣传招贴画，受招贴画的挑战，海德格尔谈及到了犹太人大屠杀。在招贴画的大标题的下面有一行字：“如此卑鄙行径：你们的罪！”然后是表现被解放的集中营状况的照片。在对此的回顾中，海德格尔试图从“这种命运”身上获取某种意义。

“我们”始终是“节省下来的宝藏中不引人注目的珍贵之物”。[3]
但是为了能让“我们”留在其中，“我们首先必须去体验那本已的 117
东西(das Eigne)，向它去解放展放自己(ge-freyt seyn)，同时还

[1] Hannah Arendt/Martin Heidegger: *Briefe 1925 bis 1975 und andere Zeugnisse*. A.a.O., 104.

[2] Martin Heidegger: *Reden und andere Zeugnisse eines Lebensweges*. GA 16. A.a.O., 430ff.

[3] Martin Heidegger: *Anmerkungen I*, 151. In: Ders.: *Anmerkungen I–V.* GA 97. A.a.O.

必须在帮助的意义上，让陌生者们放过我们，这种帮助需要以同样多的自由-解放的［使别人得自由的］——思想（frye-freyede-Gesinnung）为前提”。[①]那“本己的东西”必须被经验到，以便能留在“节省的宝藏中”。几乎不能理解的是，这里所说的同样必须“放过”我们的“陌生者”。那些“陌生者”——经常指的是那些犹太人——如何“帮助过”我们？他们是放过了我们，还是遗弃了我们？还是说，这里的“陌生者们”是那些“希腊人”，当然是在存在史的条件下，由海德格尔的荷尔德林的诠释中被如此描述标示过的那种“希腊人”，那些完全不具有史志学意义上的现实性的希腊人？我们的哲学家还加上了一句：“关于所有这一切简单的东西是如此昏暗，然而尽管如此，一种本己的命运之可能性又是如此切近——它要求澄清。”

然后他继续说：

> 比如，难道错误会意了这一命运——它不属于我们自己的命运，难道是在世界意愿中的遏制——从命运出发去思考，不是某种更本质的“罪责”或“集体罪责”吗？——此罪责之大，根本不能——在本质上甚至不能拿“毒气室”的残酷来测量；那是一种罪责——它比一切可公开“揭示”的“犯罪”还要恐怖——肯定在将来也永不可能有人原谅它。“人们”如果预感到，德意志民族和国度现在已经是一座集中营——就像“这个世界”还没有“看到”过的那样，或“这世界”也不愿意看到的那样——与我们的无意愿性相比较，这种不-愿意，更加愿意

① 言外之意，让犹太人放过德国人。——译校者注

去面对那种国家社会主义的野蛮化。

对“命运”的“错误会意”，允许保留在“节省下来的宝藏中不引人注目的珍贵之物”之中，被刻画为“世界意愿”。这个上下文的时间结构把过去同当下连接在一起。“节省下来的宝藏”仍然为“我们” 118
所有（eignet），然而，“我们必须”首先“去体验那本己的东西”。那“世界意愿”显然是一种现实性的东西。它还总是与那种“命运”相符，由于它是“命运”，所以“我们”无从控制支配。假定“我们”能在这种“世界意志”中“被遏制下来”——现在，“二战”结束后——那么这种“容忍”将会是一种“罪责”，此罪责之大，是它“在本质上甚至不能拿‘毒气室’（为什么要加引号呢？）的残酷来测量”。“德国人”的“世界意志”在存在史上面比“‘毒气室’的残酷性”要重要得多。

那种“德意志民族和国度现在已经是一座集中营”之“不-愿意-看到”，“与我们”面对国家社会主义的变种之“无意愿性相比较”，是“更加愿意的”。这两个表达都直接涉及战胜者，同盟国。他们的政治，即限制德国的“世界意愿”，比犹太人大屠杀更罪恶，而这种犯罪“也不可能有人原谅”。

我们已经了解了论证的过程。有一种“世界意愿”的德国的“命运”，一种在“陌生者”的“帮助”下对“本己东西”的体验。这种“命运”针对“国家社会主义的野蛮化”而被强调出来。据此，这绝不会导致国家社会主义的“‘毒气室’的残酷性”，那是变态的国家社会主义的干的。但是，现在同盟国的犯罪甚而还可以胜过海德格尔所罗织的这种“‘犯罪’”（为什么要加引号呢？）。

所有这一切都确证了海德格尔给马尔库塞回信中的抱怨：当

“盟军”在“世界公众”面前可以屠杀“‘东部德国的人’”[1]，而纳粹的血腥暴行却还的确在德国人面前被隐瞒起来。[2]在《思索（二）》中谈到一种“正在实施中的杀人机器”，它将致使德国人的“完全的
119 灭绝”。而且海德格尔还补充说：“这种机器只是对国家社会主义的‘惩罚’，抑或只是某种报复瘾的畸形产物，这样的看法或许可能让某些蠢人相信一段时间（原文如此）[3]。事实上，人们找到了所期望的机会，不，在过去的12年中参与组织了这个机会，而且有意识地去实施这一荒漠化计划。当此事在进行中出现了犹豫的时候，那么这种犹豫也是源于下列算计：这种算计关注的是，这种机器不至于过于突然地干扰了自己的商业行为（Geschäftsgebahren）（原文如此）。”海德格尔强调，这个说明“不再是为了在公众场合说给读者听的”，相反，它属于“伫在自身的命运和它的寂静”。[4]《锡安长老会纪要》中是怎么说的？如果一个“非犹太的国家”会敢于从事反对犹太人（“反对我们”）的活动，“那么，我们就必须发动世界大战”。难道不正是犹太人，他们把德国人推入了它的“灾难”之中？尽管这个暗示是不合情理的，但是海德格尔的观点是“人们”“在过去的12年中”“参与组织了”这样的“机会”，即毁灭德国人，这更不靠谱。

大约两年以后，也就是说在1947年至1948年之间，海德格尔重拾了这一思想。他对那种在史志学上强调“1933年”和“1945年”这两个年份的惯例提出了批评：“这种计算，并且仅在史志学意

---

[1] Martin Heidegger: *Anmerkungen I*, 431. In: Ders.: *Anmerkungen I–V.* GA 97. A.a.O.
[2] 言外之意：盟军比纳粹更明目张胆?！——译校者注
[3] 此处是指作者引用的海德格尔的原文有一点儿语法问题。——译校者注
[4] Martin Heidegger: *Anmerkungen II*, 60. In: Ders.: *Anmerkungen II–V.* GA 97, A.a.O.

义上对待历史，也许根本就是荒谬的，即使整个近代的欧洲世界都是以这种计算方式”来处理“德国问题”的。① 但是德国人还是“仍然没有”注意到“眼前到底发生了什么，以及这种计算还不是计算的终结”。“还有”“任务”留下来尚未完成：“在精神和历史上清除德国人。”一种“古老的复仇精神”“围着地球”游荡。“这种复仇的精神—历史”“永远不会记入史册”，这会妨碍“复仇本身”。这种历 120
史“也绝不会”进入“公众的想象”，因为，“公众性”“本身就已经是复仇”。

“复仇的精神”② 就是一种“计算算计”的“精神”，这种精神“尚未终结”。“在精神和历史上”消灭德国人“尚”未完成。海德格尔这里不再谈什么“杀人机器”，他曾经预言的身体上的消灭并没有实现，然而没有逃过灭绝的是在海德格尔叙事中希腊和德国的存在史上的特殊角色。也许他感觉到，这种哲学讲述的时代已经过去了。然而这个时代过去了，是因为“复仇的精神”笼罩了德国人吗？难道对德国人特殊角色的叙事——无论它以何种形态出现——不是在对犹太人的灭绝中自身也随之灭绝了吗？

① Martin Heidegger: *Anmerkungen V*, 21. In: Ders.: *Anmerkungen II–V.* GA 97, A.a.O.

② 参见 Friedrich Nietzsche: *Zur Genealogie der Moral. Ein Streitschrift.* KSA 5. A.a.O., 276。[中译文见《论道德的谱系·善恶之彼岸》，谢地坤等译，漓江出版社，2000 年，第 17 页。——译校者注]“所有在地球上反对‘贵族’‘强权者’‘主人’‘当权者’的行为，都无法与犹太人在这方面的所作所为相提并论。犹太人，这个僧侣化的民族，善于仅仅通过彻底改变他们的敌人和专制者的价值观，也就是通过一个最阴险狡诈的复仇行动，而使得他们向自己妥协让步。仅就此一点，就与一个僧侣化的民族相符合，与一个具有最深层的僧侣化的复仇欲望的民族相符合。”海德格尔通过他特有的拟人化手段，确实可以把针对德国民族的“复仇精神”追溯到尼采的道德谱系。相反，这也使我们对尼采的反犹太主义看得更清楚，并且由此不至于忽视我们的哲学家在另一个地方曾经吹捧犹太“种族”，对于反犹太主义愤怒不已。很可能下述说法是不成立的：德国哲学的历史中，从德国唯心论通过尼采到恩斯特·荣格尔、弗里德里希–格奥尔格·荣格尔（Friedrich-Georg Jünger）、卡尔·施密特（Carl Schmitt）和海德格尔，这一条（基督教一）保守主义的线索上的人物，整个来说或多或少的都是隐蔽的反犹太主义者。当然这取决于如何去看待反犹太主义的不同类型之间的区别了。

尽管直到现在我们提及的文献中，没有发现海德格尔关于犹太
121 人大屠杀的直接论述的证据，然而有一次他还是直接说到了这个事件。在阿伦特第一次返回德国——那是一次怎样的重返——与海德格尔相见之后，海德格尔写了一首诗给阿伦特：

（仅为你）

**思念和柔情**

“思念”——
啊，助我大胆
说出此情。

听！“思念”
如今称作：
警醒（entwacht）：
惊惧
于那压抑的怒火的深渊中
用哀怨缠着哀怨
发自你的鲜血，在审视着，
惊厥着，把我的“对-你”
抛入“天呐，发问！”之中，
每次来临，你都把其火刑柴堆（Scheit）当作重负
压到在我身上，
那贴身的重负，越切近，越深沉的把握着，

于每次感触之震颤处撕扯着，

于那触摸的柔情处憔悴销蚀着！①

这首诗以阿伦特只有在海德格尔身上看到的东西开始。那思想，那思想的据有之事，“现在”成了“警醒”“惊惧”。“现在”思想家认识到了，那“压抑的怒火”在犹太人的“鲜血”的哀怨中鸣响。“现在”，“我的‘对-你’”成了一个痛苦的问题，“每次来临，你都把其火刑柴堆当作重负 / 压到在我身上”。这里海德格尔在套用荷尔 122
德林《摩涅莫辛涅》（*Mnemosyne*）中的诗句：“在肩上一个 / 薪樵（Scheitern）的重担，要 / 承受很多。可是路是 / 坏的。”② 值得注意的是，这里“火刑柴堆”被“到来者”作为“负担”加载于其上。

在私密的献词（“仅为你”）中，可能表达了海德格尔在其他形式中没有讲或者不可能感觉到的内容。可以感觉到的是在与（以前的）情人、躲过了犹太人大屠杀的劫后余生者的相遇时的一种“负担”。看起来思想家证实了，在这重逢中有着多么影响深远的结果——似乎只有到了阿伦特的身边，他方才知晓意识到大屠杀一事。在海德格尔的思想中，这首诗、这一对“负担”的坦白到底占有多大分量？或许占有全部分量，或者毫无分量。

阿伦特好像对此做过思考。在 1950 年 6 月的《思想日记》（*Denktagebuch*）的第一页的开头她写道：“人所做的**错事**，成了

① Hannah Arendt/Martin Heidegger: *Briefe 1925 bis 1975 und andere Zeugnisse*. A.a.O., 101f. 我只引用了该诗的一部分。

② Friedrich Hölderlin: *Sämtliche Werke und Briefe*. Bd. I. Hrsg. von Michael Knaupp. Hanser Verlag: Munchen 1992, 437. Scheit 一词指的是柴薪、柴堆。Scheit 来自动词 scheiden，而 Scheitern 在荷尔德林这里是 Scheit 的复数形式。参考 Scheiterhaufen（用于焚人焚尸焚烧禁书等物的柴堆）一词的意义。[中译文引自刘皓明译：《荷尔德林后期诗歌集》，华东师范大学出版社，2009 年，第 567 页。——译校者注]

肩头上的负担，被某种人背负的东西，因为那是人自己主动积累而成的。”[1] 然后她主要谈到“宽恕的姿态”，认为它“极端地”摧毁了“平等”，也就摧毁了“人与人之间关系的基础”，“以至于在这样的行为之后，再也不可能存在人与人之间的关系了”。重回德国对于阿伦特来说是“宽恕的问题”，这并不单单是针对海德格尔的宽恕。

阿伦特到底对海德格尔的真实看法是什么呢？在一封 1946 年给雅斯贝尔斯的信里，阿伦特把海德格尔描述成“潜在的凶手”，一个
123 “带有显而易见的病态气质的”“骗子”。[2] 但是，在重逢的时候，这一切都不重要了。另一次保持距离的尝试和对海德格尔作为“老狐狸”[3] 的特征刻画，相对于重逢而言均不那么重要了。如果阿伦特知道了海德格尔的反犹太主义言论的话，她会说什么呢？《思索》中第一句话里讲的，都会说明了什么呢？洛维特[4] 还会同他重新建立联系吗？策兰还会去拜访海德格尔吗？

我们换个角度来问：从与犹太人大屠杀的关系出发，我们应该如何处理海德格尔的存在史上的反犹太主义呢？人们是否应当针对一个“政治正确”的，因此也会有意无意撕裂人与人关系的公共舆论（如果可能的话）而为海德格尔的“政治错误”辩护，这已经不在讨论范围了。海德格尔的思想中存在某种反犹太主义，它——与思想家身份相符——得到了某种（不可能的）哲学论证，却不可能

① Hannah Arendt: *Denktagebuch 1950 bis 1973.* Bd I. Hrsg. von Ursula Ludz und Ingeborg Nordmann. Piper Verlag: München und Zürich 2002, 3.

② Hannah Arendt/Karl Jaspers: *Briefwechsel 1926 bis 1969*. Hrsg. Von Otte Köhler und Hans Saner. Piper Verlag: München u. Zürich 1993, 84.

③ Hannah Arendt/Martin Heidegger: *Briefe 1925 bis 1975 und andere Zeugnisse*. A.a.O., 382.

④ 海德格尔的犹太裔大弟子。——译校者注

超出那么两三个模板。存在史的建构使得情况更糟糕。它可能导致这一思想的进一步混乱。

《黑皮本》中有最后一些关于犹太人的直接表述，其中一段这样写道：

> "'预言'"是一种对历史的命运的防卫技术。此技艺是权力意志之工具。伟大的预言家都是犹太人，这个事实，它的秘密尚未得到思考。（对蠢驴们的脚注：这个说法与"反犹太主义"无关。反犹太主义是如此愚蠢和卑鄙，就像基督教对"异教徒"进行的流血的或主要是不流血的做法一样。基督教也谴责反犹太主义为"非基督教的"。这种做法体现了其高度完善的巧妙的 124
> 权力技术。）①

这样海德格尔笔记的外表就开始破裂了。倘若关于工作在德国人这儿的"杀人机器"只是针对"伫在本身的命运及其寂静"说的，而现在开始对着"蠢驴"（也就是"公众"？）进行了说明：所说的那些内容"跟反犹太主义""毫无关系"。这里所说的内容是什么呢？其实就是下面的内容：代言与预言针对的是对"历史的命运"的理解。

① Martin Heidegger: *Anmerkungen II,* 77. In:Ders.: *Anmerkungen II–V.* GA 97. A.a.O.。引人注目的是：海德格尔从来没有把犹太文化当作一种宗教来看待。不仅在《黑皮本》中是如此，在海德格尔的全部著作中都是如此。唯一的例外就是他的《给年轻学生的一封信》（*Brief an einen jungen studenten*）。在那封信里哲学家谈到了"神和神性东西"瑕疵。此"不在场"的方式"并非一无所是"，而是"对曾是的东西隐蔽的丰富性第一次获取的"。这里所说的"曾是的东西"指的是"希腊文化中、犹太先知中的、布道者耶稣中的神性"。（Martin Heidegger: *Vorträge und Aufsätze*. GA 7. Hrsg. von Friedrich-Wilhelm von Herrmann, Frankfurt am Main 2000, 185）这些话听起来充满谅解与和善。但其重点在于，这里涉及"曾是的东西的丰富性"。当在《黑皮本》中谈到"永恒的民族"的时候，海德格尔指的不是犹太人，而是德国民族（费希特在他的《对德国民族第八次讲演》[*Achten Rede an die deutsche Nation*]中提到民族与永恒的关系）。接近作为宗教的犹太文化的障碍当然是犹太教对于基督教的意义。

这种命运很容易使人想起希腊的 μοῖρα①，想起命运红线的无法打探的编织，即使希腊的诸神，他们也被置于这种命运之前。②

看来海德格尔在这里的预设前提是：先知基本上首先是对未来的预言，而不是对当下的批评性评论。这里被忽视的是，在关于被选为先知者的叙事中，被神“触动”经常被描述为痛苦的命运（参见《以西结书》③）。先知们的预言经常遭到其他犹太人自己的反对
125 和追究。借此，先知们的“职责”完全可以与作出自我牺牲的诗人相比较，当然在海德格尔眼里这诗人唯有荷尔德林而已。④

对于我们的思想家来说，先知的言说是一种“技艺”，是一种“权力意志的工具”。除此之外，在其中潜伏着意想不到的“秘密”。他到底想以此暗示什么呢？难道是犹太人通过“预言”成功完成了，“在过去的 12 年中”“参与组织制造了”德国人的没落？我们再一次触及这个断言。一个哲学家会暗示这类东西吗？这里难道没有给我们留下了清楚的印象，我们的思想家迷失在某种我们不知道叫什么的秘

① 古希腊文，有分配、党派、命运、死亡等含义。——译校者注

② 此句的意思是：希腊诸神也被丢弃到命运面前，面对命运，在希腊神话中的确如此，包括宙斯，都要听命于命运。

③《以西结书》（*Ezechiel*）是犹太教《希伯来圣经》中的一部先知书，也就是天主教《旧约》中的《厄则克耳先知书》（*Hesekiel*）。——译校者注

④ 接近海德格尔的存在史上的反犹太主义的另外一条途径，具有特殊的亲和性。海德格尔有一次讲道：“各种形式的民俗民风及其拓展中都找不到‘永恒的民族’，如果不是之前在本质性追问和叙事中的具体细节上接收到了被分配的那些东西：它去寻求民族的神，并去在民族的本质中间置入决定，是遵从还是反对这个神。”（Martin Heidegger: *Überlegungen XI*, 83. In: Ders.:*Überlegungen VII–XI*. GA 95. A.a.O.）眼下我们先不管，必须“被置入到民族的本质中间”的“神”，是不是有可能与“最后的神”有关系，这样，我们就有机会看到从这种思想出发，会如何看待犹太问题。“最后的神”的思想有时候完全被描述为弥赛亚式（救世主式）思想，描述为某个民族的非-普遍主义的神。这种对神的理解听起来很像犹太教的理解（当然这只是完全临时的一个断言）。海德格尔没有把德国人看作是“被选中的民族”吗？这“最后的神”与“被选中”是什么关系？在海德格尔这里存在着一种讳莫如深的对犹太人的亲近吗？如果的确存在这种亲近的话，那么这种亲近对于存在史上的反犹太主义有意味着什么？关于这整个问题还可参见 Martin Heidegger: *Beiträge zur Philosophie (Vom Ereignis)*. GA 65. A.a.O., 399。

术中找不着北了吗？还是说，我们应该将其诊断为反犹太偏执狂？

海德格尔认为，他通过犹太先知的“秘密”所暗示的内容，并不具有反犹太主义的性质。但是这种撇清所依据的根据却缺乏说服力。反犹太主义被放到基督教文化对待“‘异教徒’”的态度中加以比较。基督徒对非基督徒采取的行动，同反犹太主义一样愚蠢。从 126
基督教方面去污蔑犹太人，以基督教的方式去摒弃反犹太主义，只属于基督徒的“权力技艺”。反犹太主义本身的愚蠢和卑鄙并没有被直接论及。海德格尔只是拉反犹太主义做垫背的，以便攻击基督教文化的愚蠢和卑鄙。此外，海德格尔显然认为“主要是不流血的方式”——很可能指基督徒对非基督徒的神学上的谴责——尤其值得怀疑。在海德格尔看来，反犹太主义之所以“愚蠢和卑鄙”，并非因为它在权力意志的发生过程中有一席之地，而是因为它——与哲学不同——没有能力识别出这个发生过程。

海德格尔越是不能消除对他的反犹太主义的怀疑，我们就越有理由说，他刚好奠定了一种新型的反犹太主义。对于他来说，在“权力意志”的技艺上的现实性中，犹太文化同基督教文化走到了一起。借此在《黑皮本》中对基督徒和耶稣会十分激烈的攻击就具有了特殊的意义。曾经有一个基督教的反犹太主义，与这种看法并不矛盾。

海德格尔的反犹太主义言论是对准了某个方向的。“全球性的战争”越接近尾声，对犹太人的特征刻画中，就越从把他们说成是“制造伎俩”的代理人，转向作为宗教的犹太文化：这种宗教与基督教文化联系在一起，在存在史上扮演了灾难性的角色（verheerende Rolle）。“犹太教—基督教一神论”[①] 被描述为“彻底专制的诸现代体

① Martin Heidegger: *Anmerkungen V*, 10. In: Ders.: *Anmerkungen I–V.* GA 97. A.a.O.

系的来源”。这是海德格尔的一个众所周知的策略，根据这个策略，国家社会主义是犹太文化的附随现象。

127 现在海德格尔宣告了对“诸神”，也就是对多神教的开放态度。[1]“耶和华”[2]是“众神中那个自认为自己是被选中的神，并且是不能容忍其他众神在其身边的神”。这里显然是在暗示“被选的民族”。我们的哲学家自问自答道：“什么样的神能直接攀升到力排众神而被选中？无论如何它不是‘那唯一’的神本身，前提是，如此所认为的神有可能是有神性的。如果神的神圣性曾以伟大的寂静为基础，在这种寂静中，它现在承认其他众神的话，又当如何。”接着海德格尔再次把自己写入了德国的特殊道路：这条路从温克尔曼开始，经过荷尔德林、谢林和尼采引到他自己。在他这里在这条路上，完全可以回到基督教之前或超越基督教，渴慕着其他的众神。关于“第一次开端”和“另一次开端”的拓扑学露面了：

> 从这里出发可以估测出，就对西方历史隐蔽的开端性本质的思考而言，对希腊文化——也就是处于犹太文化之外，也就是基督教文化之外的文化——中的第一次开端的怀念意味着什么。[3]

① 在《思索（二）》中他有一次谈道：“人们有一天会对我的反-基督教思想关注讨论哪怕一次，也应该是必不可少的。这之所以没有发生，也许是为了让我的思想去容忍‘基督教的内容’。我不是基督徒，之所以如此的唯一原因是，我不可能是基督徒。我不可能是基督徒，是因为——用基督教的说法——我没有得到圣恩。只要思想仍然坚持在我自己的道路上，我就绝对不会受到恩典。”(Martin Heidegger: *Anmerkungen II*, 138. In: Ders.: *Anmerkungen I–V.* GA 97, A.a.O.) 确实在对海德格尔思想的解释中，几十年来一直有观点认为，海德格尔的许多论述，比如“最后的神”(还有“众神”等)，仍然可以作“基督教的”理解。如果将其把握为有目的的“亵渎神灵”，那才算是基督教的解读。

② Martin Heidegger: *Anmerkungen IV*, 62. In: Ders.: *Anmerkungen I–V.* GA 97, A.a.O.

③ Martin Heidegger: *Anmerkungen I*, 30. In: Ders.: *Anmerkungen I–V.* GA 97, A.a.O.

决断十分清楚：在反对宗教上的“犹太文化”和“基督教文化”的斗争中，哲学的“希腊文化”已经消耗殆尽。事实上思维和信仰之间的差别是显而易见的。海德格尔的学生列奥·施特劳斯也强调了这些差别——但没有强调那些所谓的结果，而这些结果恰恰是海德格尔感兴趣的。[①] 针对欧洲的古希腊的开端而做出的这个决断认定，希腊是欧洲文化的开端，这个决断不会有反犹太主义的后果。 128

海德格尔关于“一神论”的指示，是否有权利提出要求，把自己引入到当前的宗教批评的话语中 [②]，这是很成问题的。当然人们可以想到，从“多神论”出发可能会对政治哲学产生特殊的影响。但是比如在柏拉图那里我们没有发现相关的影响，而且海德格尔自己也没想到这一层。相反，他对民主制度的保留态度，或者拒绝的态度，是贯穿于他的整个思想的始终的。因此，海德格尔关于犹太宗教的说明并没有克服存在史上的反犹太主义。

① 参见 Leo Strauss: *Reason and Revelation.* In: Heinrich Meier: *Leo Strauss and the Theologico-Political Problem.* Cambridge University Press：New York 2006, 141-180。

② 参见 Jan Assmann: *Herrschaft und Heil. Politische Theologie in Ägypten, Israel und Europa.* Hanser Verlag: München 2000。

129

# 回答的尝试

通过到此为止的思考，可以得出一个有根据的推测：在 20 世纪 30 年代末强大起来的存在史上的摩尼教式二元对立已经把它的叙事——即世界和家乡的历史受到来自无世界性和无家可归性的非-历史的威胁——构成了一种氛围。在这个氛围里，海德格尔那里的肯定长期以来就隐藏着的反犹太主义如今也可以获得一种存在论上的意义了。正是在这个氛围中，一种充满邪气的文献（《锡安长老会纪要》）和一些幼稚的传说，比如关于犹太人“算计计算的熟练灵活性”，侵入到海德格尔的思维活动中，并得以滋生。

人们不要自欺欺人地以为，尽管我们不知道海德格尔是否预感到或者干脆知道“毒气室和毁灭性屠杀设施中处理尸体的工厂”，或者即便我们相信，他只知道“几十万人”“**不引人注意地**在灭绝营被清除了”①，存在史意义上反犹太主义的中心思想仍然包含着这样的意思：犹太人是国家社会主义者军事上的敌人，或者，更有甚者，他们是德国人军事上的敌人。那么在这场与这些敌人进行的战争中，海德

① Martin Heidegger: *Bremer und Freiburger Vorträge*. GA 79. A.a.O., 56. 着重号为我所加。在海德格尔给马尔库塞的那信的说明有类似的说法：“纳粹的确对德意志人们隐瞒了那血腥的暴行。”参见 Martin Heidegger: *Reden und andere Zeugnisse eines Lebensweges*. GA 16. A.a.O., 431。

格尔会把针对犹太人的暴力限制在哪一点呢？在他的眼中，上面提及 130
的对“全球性的主犯”的“预先规定”有多大的有效范围呢？如果涉及的是某个敌人甚至那个敌人的话，那“尸体工厂”真的是不可思议的吗？并非海德格尔想要这场战争，但是当战争已经打起来的时候，他便认为，它在“克服形而上学的过程中”是不可避免的一步。

海德格尔认为公共舆论没有任何权利，能够在认真思考哲学问题上有一点意义。他这种对公共舆论的保留态度是完全可以理解的。但是我们必须事先假定，公众舆论从来不会涉及真理问题。即便是《黑皮本》这个也许算海德格尔最私密的文本，也对犹太人大屠杀保持沉默。“无能力悲痛”①当然不仅是在保守的圈子里十分普遍，但海德格尔能够十分细腻地谈论悲痛和痛苦。在《不莱梅讲演》中他写道：“无数的和无穷无尽的苦难压迫着我们，但是我们却并未感觉到疼痛，我们没有把痛苦的本质占为己有（vereignet）。”②或许他是在说自己，或者至少包括自己？如果是，那么从这种坦白中难道不是听到了被触动的回声？无能力去体验“痛苦的本质”，按照海德格尔的观点，恰恰是在于现代技术的前提，而不是在于他自己情感上的冷漠。

对存在史上的“无家可归性”③感到悲痛的证据几近泛滥，可“对于无数的和无穷无尽的苦难”却找不到证据证明有任何悲痛的表示，这是很引人注目的。如果我们假定，我们的哲学家当时真的完
全不了解犹太人大屠杀带来的痛苦，那么同阿伦特的重逢不就变得 131

① Alexander und Margarete Mitscherlich: *Die Unfähigkeit zu trauern*. Piper Verlag: München 1967.［文学中译为：无力哀悼。——译校者注］

② Martin Heidegger: *Bremer und Freiburger Vorträge*. GA 79. A.a.O., 57.［Vereignet，这里 ver 不是个好的前缀，暗含：让那痛苦的本质胡乱地成为自己的。——译校者注］

③ Martin Heidegger：*Zum Ereignis-Denken*. GA 73. 1. Hrsg.von Peter Trawny. Frankfurt am Main 2013，819.“乡愁是原始的忧伤”，这句话来自 1945 年的文本。

完全不可理解，进而不可思议了吗？难道阿伦特不是肯定地认为她曾爱过的这个人已经感受到了痛苦？难道不是她公开把“火刑柴堆”加到他身上的吗？如果阿伦特假定她的情人面对德国人的罪行保持着冷血，这简直不可思议。当然，我们这里只是推测而已。①

在海德格尔这里存在着一种存在史上的反犹太主义，看来它在不少维度上污染了海德格尔思想。这个实际情况使我们对海德格尔哲学以及对其哲学的接受都有了新的理解。在此之前，海德格尔思想与国家社会主义的纠葛一直是个难题，它导致一方面是过分的谴责，另一方面也导致了对［海德格尔哲学思想］完全可以理解的保留态度。现在由于《黑皮本》的发表，一种特殊的反犹太主义已经不能被忽视。这种反犹太主义甚至在一段时间内对当时现存的那种国家社会主义提出了十分尖锐的批评。这是不应该被忽视抹杀的——这种反犹太主义甚至是在这样一个时期出现的，那时我们的思想家正以批判的态度探讨现实存在的国家社会主义。

基于这个哲学上不可置疑的基本事实，今后几年对海德格尔哲学的学术研究肯定需要对其带来的结果进行消化。这里不需要成为
132 先知就能预测到，对海德格尔思想的接受会遇到组织上的危机。②《黑皮本》中那些反犹太主义的段落是否会必然导致同海德格尔思想的告别，也并不是什么不近情理的问题。谁要是想同海德格尔一起

① 此外值得一提的是，20 世纪 50 年代末在维也纳和弗莱堡，海德格尔与奥斯维辛集中营中的幸存者、心理分析学家维克多·弗兰克（Viktor Frankl）的相遇。参见 Viktor E. Frankl: *Was nicht in meinen Büchern steht. Lebenserinnerungen.* Beltz Verlag: Weinheim und Basel 2002, 91f.。很遗憾，弗兰克在那里并没有告诉我们，他们之间到底谈了什么。这里要问的是：这些相遇中根本不谈及大屠杀这件事，这本身可想象吗？弗兰克把他的一本书《……尽管如此，还是要活下去：三篇演讲》（*... Trotzdem Ja zum Leben sagen. Drei Vorträge*. Deuticke Verlag: Wien 1946）送给了海德格尔，书中回忆了奥斯维辛集中营的生活。但是海德格尔的遗物中至今没有发现它的踪迹。

② 研究海德格尔的机构和人员愈来愈少。——译校者注

进行哲学思考，他必须首先要搞清楚，海德格尔某些思想脉络的反犹太主义的内涵。

从现在开始，任何想把海德格尔的存在史上的反犹太主义思想完全孤立出来，在其思想中区分出一块没有染指反犹太主义的区域来的尝试，都会激起反抗。他思想中的这种错合并不是从20世纪30年代开始的，而且也不仅限于其后的那个时间段。在海德格尔哲学中存在着基础性决断，以致从一开始就可以采纳关于存在史上的敌人的观点吗？如果这种思考追求的是“存在的纯净化”的话，他的思想的这种特殊的、经常很具吸引力的极端性，能超出哲学思考的目的吗？这种极端性是存在史上的反犹太主义的来源吗？

海德格尔思想中的反犹太主义的污染的扩散范围到底有多广，有多严重？已经侵入了这一思想的整个机体了吗？这种污染已经掌控了整个存在史或者关于存在历史的思想（Seinsgeschichtliche Denken）了吗？还能把它限定于一定的范围内吗？正如我在前文指出的，我认为海德格尔的存在史上的反犹太主义是存在史上的摩尼教式二元对立的后果。这种摩尼教式二元对立在20世纪30年代突然爆炸性地发展，驱使海德格尔的思考进入一种非此即彼的模式，犹太人及其命运也未能幸免。当海德格尔关于德国拯救西方的叙事——对“存在的纯净化”的渴望——陷入危机的时候，犹太人就成了敌对的一方。海德格尔的文本被错合的界限因此与存在史上的摩尼教式二元对立的界限完全重合。像“倖在”和“实存”——它们曾反映为“制造伎俩”和“另一次开端”的非此即彼——并不再是非此即彼一样，为一个敌对的“世界犹太人”赋予本体性的可能 133
性也消失了。谈论存在史上的反犹太主义，并不蕴含着存在史上的思维本身就是反犹的。

终究不可避免的是，把对“存在的纯净化”的渴望与种种纯净的幻术联系到了一起，而这些幻术至少参与了一项人类最严重的犯罪的组织活动。“血缘的纯粹性”是“德意志民族继续存在下去的前提”，纽伦堡法案中如是说。在 20 世纪 30 年代末，海德格尔把这种纯净化寄希望于那通过实存的优先权对存在进行最深刻的丑化的一方。（因此他才把“存在的纯净化”加了着重号。）但是，当他对存在与实存的差异加以极端化的时候，他自己成了“存在的野蛮性”，也就是“制造伎俩”暴力行为的基本特征，在自己的思考中的牺牲品。纯粹存在的极端情况，就像海德格尔所做的那样，如果被思考为历史、思考为“達-在”的位置的话，那这个极端情况是逃不过暴力的，即便这种极端情况试图尽全力摆脱暴力。反-暴力倾向必然流行，它对第一次暴力的体验越残暴，反暴力倾向就越增强。

海德格尔渐渐地、尽管十分缓慢且痛苦地，最终还是十分清楚明确地从他对“俦在”与“实存”之差异进行极端化之始就使用的叙事中解脱出来。在最后的 30 年，他的思想活动达到了一种适度，这种适度是他在 1933 年至 1947 年之间那无度的时期所缺乏的。《黑皮本》证实了，海德格尔陷入了那个动荡的时代有多深，他的思维活动遭受这个动荡的拖累有多大——这不仅是指已经表明的存在史上的反犹太主义给他带来的损伤。1945 年以后，海德格尔对许多事情按照他所愿看到的那样进行了解释——没有哪一个文本比《黑皮
134 本》更坦白地显示出了这一点。它们同时也是一种无情的暴露，对此海德格尔在临终时并不想否认。难道他忘记了，本子里写了什么了吗？还是说，他想让我们分享他创作和导演的、在 20 世纪的德国精神史中上演的一场独一无二的哲学戏剧？海德格尔对《黑皮本》的保密，包括他关于其要到最后才能发表的指示，是不是他想要向

我们显示，他的思维，或者思维本身走到了怎样的歧途上？①他的那些亲近的人，也就是亲戚、朋友、助手，难道没有劝他不要发表《黑皮本》吗？

最后，我们可以说，海德格尔的思想仍然不失为一种独具特色的哲学挑战。要看到这一点，并不需要我去指出，海德格尔的整个著作总是蕴藏着新的、出人意料的思想力量，它们属于取之不尽的哲学源泉，这里汇集了从柏拉图到维特根斯坦的所有的伟大的哲学文本。不仅 20 世纪的哲学史没有了海德格尔就会变得无法理解，而且海德格尔的思想影响远远超出了哲学的界限。他将永远是让我们回忆起 20 世纪的“黑暗时代”时无人可与其比肩的思想家。当然，他的所作所为完全不同于阿伦特在其文中所描述的那些其他“黑暗时代的人们”②的作为——阿伦特并未否认海德格尔也属于他们。他甚至卷入了那个时代最黑暗的事件，而这更强化了我们通过他而获得的记忆。这些回忆之所以令人痛苦，不仅是由于它会引起回忆，而且还由于
该回忆-文献本身偶或出现的令人震惊的行文方式。海德格尔的思 135
想时时处处提醒着我们这些痛苦和震惊，难道我们不该为此表示感谢吗？

尽管如此，写于 20 世纪 30 年代和 40 年代的那些《黑皮本》使得对海德格尔思想的研究必须重新加以审视。在讨论中，人们总是不断斟酌，在海德格尔的思想中，国家社会主义起到了怎样的作用，然而所有这些被斟酌的东西都无法与另一种东西相比，那就是，这种哲学中关于德意志拯救西方的叙事，到底带来了怎样的灾难。即

① 参见 Peter Trawny: *Irrnisfuge. Heidegggers An-archie.* Matthes & Seitz: Berlin 2014。

② Hannah Arendt: *Menschen in finsteren Zeiten.* Hrsg. von Ursula Ludz. Piper Verlag: München u. Zürich 1989.

便是海德格尔思想经受住了那种重新审视，那些在我们的考察中所涉及的句子，就像被揭破的伤疤一样，还是破坏了它的形象——“思想之伤”已经发生。①

① 歌德的《浮士德》终场最后合唱中出现据有之事（Ereignis），据说Ereignis是从Eräugnis——展现在人的眼前，眼睛看到的东西——来的，所以最后一句是否有弦外之音：思想之伤已经被人看到了，展现在人眼前了，这发生了？——译校者注

# 第二版后记



海德格尔《黑皮本》第一个系列《思索》出版了，并且引起了媒体不寻常的反响。这些反响主要是负面的，但是哲学上和学术上的分析研究尚有待将来。确定无疑的是，海德格尔这些著作的发表使得海德格尔研究有了新的方向。它将使得其著作的整个的关联发生变化。首先，现在关于存在史的那些著作（《哲学论稿：从本有而来》《沉思集》[*Besinnung*]等）必须同《思索》并列起来阅读，因为，这些著作不断地提及并指向《思索》。

国际媒体的反应——关于海德格尔的学术重要性和公众重要性之间难道不是有着一个奇怪的分裂？——同海德格尔直接针对犹太人的言论，即他的反犹太言论的讨论密切相关。在这里出现了几种不同的解读，我只想提及其中的两种，对它们的一致性进行评估。

把海德格尔的言论放到历史的语境中去看，就可以确定，他的那些言论与“第三帝国”时期猖獗的反犹太主义喧嚣相比，根本不算什么。的确，被我称之为存在史上的反犹太主义与尤利乌斯·施特莱彻（Julius Streicher）[①]的反犹太主义简直不可同日而语，而且海德格尔把他的反犹思想秘密封存起来。这些表达根本没有参与到“第三帝国”的嚣张的反犹太运动中去，当时没有发挥任何作用——
138 这种历史的回顾并非不重要，但是这毕竟不同于哲学上的解读。由于海德格尔把他的预言“世界犹太人”的言论提升到了一种哲学的语境中，使得这种区别更为重要。最后，这里的问题无法通过更成问题的内容来解决。

另外一种解释声称，那些被讨论的段落本来是从属于更广大的“文化批评”工作的领域。在这种“批评”工作中提到“美国主义”“布尔什维主义”“民族主义”“帝国主义”等，而在其中提到“世界犹太人”其实是很自然的事情。只要历史自身还迷失于彻底的“制造伎俩”的终极状态，那么一切就陷在它的（“制造伎俩”）的统治中不能自拔。由于“世界犹太人”通过它的“被强调的计算算计上的天赋”同技术及其经济有着特殊的关系，于是它越是技术统治的统治者，就越加证明它是技术的奴隶——对这种解释我深表怀疑。如果今天有人断言：中国人因此特别适合于全球化的资本主义，因为他们有能力进行完全非欧洲的个人否定，也就是自我奴役，恐怕不会有什么人认为，这种断言是什么有意义的资本主义批判：这种描述马上就会合理地引发公愤和抗议。

海德格尔的反犹太主义受到《锡安长老会纪要》影响，如果不是说带有它深深的烙印的话。我的这一看法受到了批评。人们不断

① 尤利乌斯·施特莱彻（1885—1946）是一个纳粹政客。他是反犹太人的《先锋报》（*Der Stürmer*）的创始人、所有者和编辑。施特莱彻是纽伦堡国际军事法庭审判的主要战犯之一，于1946年被判反人类罪，执行了绞刑。（摘自维基百科，http://de. wikipedia.org/wiki/Julius_Streicher。）——译校者注

反驳说，海德格尔没有读到过，也不知道《锡安长老会纪要》。这种伪文献学的反驳的预设前提是，只有读过希特勒的《我的奋斗》才是国家社会主义者。如果那样的话，第三帝国中的国家社会主义者的数量会被大幅度缩小。我并没有声称，海德格尔一定读过《锡安长老会纪要》，而是说，所有听过希特勒的讲话的人，都逃不脱该纪要的影响。

我认为，存在史上的反犹太主义这个概念应该起到一种启发性 139
的作用。[1] 只有当我们能够成功地对那些段落做出其他的、更好的解释之后，这个概念才可以被弃之不顾。我愿意在此强调指出，“绿鸟”这个标示只能推导出我们遇到的鸟有绿色的翅膀，而不能推导出我们遇到的所有绿色的东西都一定是鸟类。关于海德格尔这里的存在史上的反犹太主义这一标示，并没有“存在史本身就是反犹太主义的”这样的意思。

在这一点上我也要做自我批评。“错合”这个概念对应的是某种纯净化的逻辑，该逻辑也许是从海德格尔“存在的纯净化”这一观念渗透到我的文本中的。我的思路在一些地方受到了“错合”。一种受到毒害的思想是无力的，是盲目的。我对海德格尔关于“世界犹太人”的言论做了过度解读了吗？“错合”这个概念我只做了字面上的理解：被接触在一起，被把握在一起。无论海德格尔以什么为基础来把握他的通过“世界犹太人”而造成的某种想象中的威胁，此时，什么东西会和这种假定的威胁一起被触动了呢？这就是那种纯

① 在这期间有那本原以为遗失了的《笺注（一）》现在又摆在我的面前。这本《黑皮本》的所有者西尔维奥·菲塔（Silvio Vietta）在 2014 年 1 月 23 日在《时代周刊》上说：“在我有的那本《黑皮本》里找不到一句话是反犹的，连一个反犹的词都没有。”基于我的解读，对这个说法我不得不反驳。

净化、清洁化的逻辑：在这种逻辑面前，所有的思想活动都必须无条件地接受检验——而不用从纯粹性（Reinheit）出发对保护有任何理解。

值得期盼的是，将来关注的焦点会转向20世纪30年代末写下
140 的那些《黑皮本》中我们看到的哲学问题。在我看来，关于海德格尔极端的反犹太主义尚有待将来深入讨论。普遍主义的东西——全球性的东西——在海德格尔看来是现当代数学化的科学技术之特征所依赖的唯一且全部基础（begründet zu sein）。对于所有的个别或者个体的事物来说，它的影响都是摧毁性的。存在史上的“家乡”之可能性[1]将会被“这种普遍主义的东西”所毁灭。很显然，海德格尔与科技、与普遍性的东西本身的关系，必须加以修正。关于“架-座”的思考同海德格尔的上述思想有着更有意义的关系。

犹太人大屠杀使得任何关于反犹太主义的观念的讨论都是不对称的。我们知道的东西，海德格尔在1938年至1941年期间是不知道的。他在一个任何人都可以大声进行反犹太主义讲演的时代把自己的《思索》封存了起来，而当时反犹太主义是升迁发迹的手段。所以，这里为解释学上的公正性留下了很大空间。但恰恰是这一点还需审慎勘察，海德格尔写下那些针对“世界犹太人”的言论的时候，恰逢德国到处在焚烧犹太教的会堂。人们还会确认，在《黑皮本》这个秘密手稿里，尽管可以发现大量的言语表达了对德国人所遭受的苦难的悲痛，但是对犹太人遭受的灾难表示的悲痛，哪怕只言片语也找不到。这里沉默统治着一切。这种沉默还将继续震荡冲击我们的耳朵很长时间。

① 参见 Martin Hedeigger: *Zum Ereignis-Denken*, 753ff. GA 73. 1. A.a.O.。

难道这个沉默不就是最后的决定吗？哲学，当它出现时，它是自由的。失败的威胁从来就是自由的一部分："……因为对于所有的本质性思维而言，急需向着迷误（Irrtum）——那漫长的、无用的迷失（Irren）——的自由？……"① 面对《思索》中深入涉及的所有难题，都坚持着这个苛刻要求。哲学的戏剧难道不可能由迷失的可能性组成吗？离开对它而言完全独特的痛苦，也许就没有了哲学。

2014 年 4 月 20 日

彼得·特拉夫尼

① Martin Heidegger: *Überlegungen VII–XI*, 227. GA 95. A.a.O.

# 第三版后记



在 1989 年《哲学论稿》出版的时候，我们对海德格尔思想的理解开始发生变化。关于“据有之事”的思想，作为我们的哲学家借以出发的阵地得到了强调，而且学术界的研究也马上跟上了这种新发展——尽管多少有些违心。

到了 2014 年出现了类似的变化。《黑皮本》的出版引发了围绕海德格尔的讨论，直接影响到了处理海德格尔思想的方式，而且毫无疑问，比上一次《哲学论稿》出版引发的讨论更加激烈。

讨论的爆发带来的好处比坏处要多。我们将面对这个无人能够回避的问题。承认这一问题——从某种观点看有点儿自相矛盾——其结果是：将会为海德格尔解读带来新的自由。那个海德格尔研究文献仅限于对他的思想运动单纯加以重构的时代一去不复返了。现在，任何重构都要无一例外地面临这个问题。

但是我可以断言，围绕海德格尔的反犹太主义问题的讨论可以导致这一思考的再次激活吗？当然，没人可以低估这些言论的结果。哲学的敌人当然希望阻止海德格尔思想继续发生影响——仅就它在操作层次上的自相矛盾，就可以知道，这是一种徒劳的尝试。为了让海德格尔能够被遗忘，人们必须不断想起他。但是那些中立的读者也将会持保留态度。

142 尽管如此还是出事了。随着《黑皮本》的出版，海德格尔还是再次——也许现在才真正地——把自己记录到犹太人大屠杀的痛苦-历史之中。他再也无法从中摆脱了。对损失的悲痛迎头撞上了根本不知悲痛为何物的思维的恐怖。只要还有人，就有这种“泪痕”①。

2015 年 1 月 20 日

彼得·特拉夫尼

---

① Paul Celan：*Eingedunkelt*. Suhrkamp Verlag: Frankfurt am Main 1991, 41. “Schreib dich nicht/zwischen die Welten, // komm auf gegen/der Bedeutungen Vielfalt//vertrau der Trännespur/und lerne leben.”（别把你写进 / 世界之间，站起来对抗 / 五光十色的含意，信赖泪痕 / 并学会生活。”）［中译文引自保罗·策兰：《暗蚀》，《保罗·策兰诗选》，孟明译，华东师范大学出版社，2010 年，第 372 页。只把 vertrau 由“相信”改译为“信赖”。——译校者注］

# 人名索引


Adorno, Theodor W. 西奥多・W. 阿多诺 113

Alicke, Klaus-Dieter 克劳斯-迪特尔・阿利克 42

Aly, Götz 格茨・阿利 55

Anaximander 阿那克西曼德 19f.

Arendt, Hannah 汉娜・阿伦特 9f., 13, 43, 46f., 55, 95—97, 113—115, 121ff., 131, 134

Aristoteles 亚里士多德 23

Assmann, Jan 扬・阿斯曼 128

Augustinus 奥古斯丁 108

Baumann, Gerhart 格哈特・鲍曼 9

Benz, Wolfgang 沃尔冈夫・本茨 11, 46

Biemel, Walter 瓦尔特・比默 93

Blochmann, Elisabeth 伊丽莎白・布洛赫曼 9, 95

Brock, Werner 维尔纳・布洛克 9, 95

Buber, Martin 马丁・布伯 36

Burkert, Walter 瓦尔特・布尔克特 23

Celan, Paul 保罗・策兰 5, 9, 86, 95, 113, 123, 142

Cesare, Donatella di 多娜泰娜・迪切萨雷 21

Cohen, Hermann 赫尔曼・柯亨 27

Cohn, Jonas 约纳斯・科恩 95

Darwin, Charles 查尔斯・达尔文 47, 60

Demokrit 德谟克利特 105

Derrida, Jacques 雅克・德里达 10

Dietze, Constantin von 康斯坦丁・冯・迪茨 91

Diner, Dan 达恩・迪纳 57

Domarus, Max 马克斯・多马鲁斯 28, 48

Epikur 伊壁鸠鲁 105

Eucken, Walter 瓦尔特・奥伊肯 89ff.

Euklid 欧几里得 38

Farías, Victor 维克托・法里亚 78

Faye, Emmanuel 伊曼纽尔・费耶 21, 103

Fichte, Johann Gottlieb 约翰・戈特利布・费希特 124

Frankl, Viktor E. 维克托・E. 弗兰克 131

Freud, Sigmund 西格蒙德・弗洛伊德 44

Friedländer, Paul 保罗・弗里德伦德尔 114

Gagarin, Juri 尤里・加加林 106, 108
Geulen, Christian 克里斯蒂安・戈伊伦 41, 59
Gobineau, Arthur de 阿图尔・德・戈宾诺 60
Goebbels, Joseph 约瑟夫・戈培尔 83, 86
Goethe, Johann Wolfgang von 约翰・沃尔夫冈・冯・歌德 77

Habermas, Jürgen 尤尔根・哈贝马斯 82
Hegel, Georg Wilhelm Friedrich 格奥尔格・威廉・弗里德里希・黑格尔 34, 82, 104f.
Heidegger, Elfride 埃尔福丽德・海德格尔 35, 86, 115
Heidegger, Fritz 弗里茨・海德格尔 53, 115
Heidegger, Hermann 赫尔曼・海德格尔 14, 34
Heidegger, Jörg 约尔格・海德格尔 34
Heraklit 赫拉克利特 20, 72, 101ff.
Herzl, Theodor 西奥多・赫茨尔 36
Heydrich, Reinhard 莱茵哈德・海德里希 96
Hitler, Adolf 阿道夫・希特勒 46ff., 54, 96, 105, 138
Hölderlin, Friedrich 弗里德里希・荷尔德林 52, 54, 72, 76f., 117, 122, 125, 127
Husserl, Edmund 埃德蒙德・胡塞尔 31f., 37ff., 81—92
Husserl, Malvine 马尔维娜・胡塞尔 81

Ibach, Helmut 赫尔穆特・伊巴赫 34
Ingarden, Roman 罗曼・英伽登 82

Jacobsthal, Paul 保罗・雅各布斯塔尔 114
Jaspers, Karl 卡尔・雅思贝尔斯 45f., 55, 114, 122
Jonas, Hans 汉斯・约纳斯 9
Jung, Carl Gustav 卡尔・古斯塔夫・荣格 44
Jünger, Ernst 恩斯特・荣格尔 57, 60f., 79, 113
Jünger, Friedrich-Georg 弗里德里希-格奥尔格・荣格尔 120

Kaléko, Mascha 玛莎・卡莱科 9, 95
Kant, Immanuel 伊曼努尔・康德 72

Lacoue-Labarthe, Philippe 菲利普・拉库-拉巴尔特 10
Lampe, Adolf 阿道夫・兰珀 91
Levi, Hermann 赫尔曼・莱维 96
Levinas, Emmanuel 伊曼纽尔・列维纳斯 9, 106ff.
Lessing, Gotthold Ephraim 戈特霍尔德・埃夫莱姆・莱辛 96
Löwith, Karl 卡尔・洛维特 9, 123

Mahnke, Dietrich 狄特里希・曼克 90
Mann, Thomas 托马斯・曼 51
Marcuse, Herbert 赫伯特・马尔库塞 116, 129
Martin, Bernd 马丁・贝恩德 89
Marx, Karl 卡尔・马克思 47, 104ff.
Meier, Heinrich 海因里希・迈尔 128
Meister Eckhart 埃克哈特大师 74
Mitscherlich, Alexander und Margarete 亚历山大・米切利希与玛格丽特・米切利希 130

Nietzsche, Friedrich 弗里德里希・尼采 25, 42ff., 47, 59f., 66, 72, 75f., 103, 109, 120, 127

Parmenides 巴门尼德 19f.
Platon 柏拉图 19, 38, 59, 73, 104, 107f., 128
Plotin 普罗提诺 74
Poliakov, Léon 莱昂・波利亚科夫 46
Prinz, Joachim 约阿希姆・普林茨 50, 54
Pseudo-Dionysius Areopagita 伪狄奥尼修斯 74

Rathenau, Walther 瓦尔特・拉特瑙 115
Ritter, Gerhard 格哈德・里特德 91
Rockmore, Tom 汤姆・罗克莫尔 21
Rosenberg, Alfred 阿尔弗雷德・卢森堡 46, 104
Rosenkranz, Jutta 尤塔・罗森克兰茨 81

Safranski, Rüdiger 吕迪格・萨弗兰斯基 10
Salamander, Rachel 拉赫尔・萨拉曼德尔 9
Schank, Gerd 格尔德・尚克 59
Schank, Max 马克斯・尚克 83
Schmitt, Carl 卡尔・施密特 120
Scholem, Gershom 格肖姆・肖勒姆 27
Simmel, Georg 格奥尔格・齐梅尔 37
Sokrates 苏格拉底 19
Sommer, Christian 克里斯蒂安・佐默 20f.
Stalin, Josef 约瑟夫・斯大林 54
Strauss, Leo 列奥・施特劳斯 9, 38, 128
Streicher, Julius 尤里乌斯・特莱彻 137
Szilasi, Wilhelm 魏尔海姆・斯基拉斯 9

Trawny, Peter 彼得・特拉夫尼 22, 134

Vietta, Silvio 西尔维奥・菲塔 139

Wagner, Richard 理查德・瓦格纳 60, 77, 96
Waldenfels, Bernhard 伯恩哈德・瓦尔登费尔斯 73
Wels, Otto 奥托・韦尔斯 28
Winckelmann, Johann Joachim 77, 127 约翰・约阿希姆・温克尔曼
Wittgenstein, Ludwig 路德维希・维特根斯坦 134

Young-Bruehl, Elisabeth 扬-布吕尔・伊丽莎白 42

Zaborowski, Holger 霍尔格・扎博罗夫斯基 15, 21, 61f., 86, 103
Zarader, Marlène 马莱纳・扎拉德 9
Zimmermann, Hans Dieter 汉斯・迪特・齐默尔曼 74, 95
Zumbini, Massimo Ferrari 马西莫・费拉里・祖比尼 50

**图书在版编目(CIP)数据**

海德格尔与犹太世界阴谋的神话/(德)彼得·特拉夫尼(Peter Trawny)著;靳希平译.—北京:商务印书馆,2019
ISBN 978-7-100-17337-7

Ⅰ.①海… Ⅱ.①彼… ②靳… Ⅲ.①海德格尔(Heidegger,Martin 1889-1976)—哲学思想—研究 ②犹太人—民族文化—研究 Ⅳ.①B516.54 ②K18

中国版本图书馆CIP数据核字(2019)第070384号



**海德格尔**
**与犹太世界阴谋的神话**
〔德〕彼得·特拉夫尼 著
靳希平 译 谷 裕 校

商 务 印 书 馆 出 版
(北京王府井大街36号 邮政编码100710)
商 务 印 书 馆 发 行
苏州市越洋印刷有限公司印刷
ISBN 978-7-100-17337-7

2019年6月第1版 开本640×960 1/16
2019年6月第1次印刷 印张9
定价:42.00元